RAFFAELLO ANTOGNOLI

GUADAGNARE
CON LE CARNI

Come Acquistare, Lavorare e Vendere Carni Ottenendo Risultati Eccezionali

Titolo

"GUADAGNARE CON LE CARNI"

Autore

Raffaello Antognoli

Editore

Bruno Editore

Sito internet

http://www.brunoeditore.it

Sommario

A mio padre Attilio

A mia madre Nedda

Alla mia famiglia

Prefazione
(a cura di Alfio Bardolla)

Ho il piacere di scrivere la prefazione al libro di Raffaello Antognoli, che ha sposato il mio progetto di formazione Lifetime, perché la sua storia mi ha colpito molto. In particolare per la continua volontà nel migliorarsi e per il fatto che quanto ha appreso nella sua attività professionale nel mondo delle carni, è frutto di esperienze vissute in prima persona. Certamente Raffaello è un esempio di chi ha capito che gli affari si fanno quando si compra, che il valore aggiunto del prodotto si crea con il fare e che la vendita utilizza delle regole ben precise per portare ai risultati.

Il tutto applicato ad un contesto molto diverso da quelli classici: il mondo delle carni. Questo rende il libro una raccolta di preziose informazioni per chi ha il desiderio di approfondire la propria conoscenza in questo settore, con una particolare attenzione ai sistemi che si possono utilizzare per guadagnare.

Raffaello racconta in queste pagine, situazioni, esperienze ed aneddoti che lo hanno interessato in prima persona. Un ragazzo che con impegno e spirito di sacrificio, ha saputo vincere piccole e grandi battaglie contro tutto e contro tutti per poter emergere. Le sue esperienze di vita nella propria famiglia, con tre generazioni di commercianti da parte del padre e della madre alle spalle, sono state il seme del suo successo professionale che è sbocciato in seno alla società per azioni nella quale ha ottenuto i suoi più grandi successi. Le difficoltà che ha incontrato lo hanno temprato e i suoi valori lo hanno fatto diventare la persona che è oggi.

Tutto questo si evince chiaramente dalle pagine di questo libro. Il mio invito a leggerlo oltre che per la persona ed il professionista, sono per il messaggio che lo accompagna: "Impegno, formazione, fiducia nel futuro possono fare crescere e migliorare le persone e le aziende".

Buona lettura,
Alfio Bardolla

Introduzione

Mi chiamo Raffaello Antognoli e sono il terzo figlio di una famiglia di commercianti molto conosciuta nella mia città. Mio padre e mia madre erano dei commercianti così come lo erano i miei nonni. Non potevo che nascere un commerciante e diventare un commerciante, visti gli insegnamenti e quello di cui si parlava in casa tutti i giorni.

Mio padre, che ho amato sempre, era una persona seria ed educata. Era anche lui un instancabile commerciante, si occupava di abbigliamento. È stato un ottimo padre che ha amato e cresciuto i suoi quattro figli maschi, nel miglior modo possibile. Ha inculcato in noi, i valori dell'onestà, della lealtà e del rispetto per il prossimo. Valori che ancora oggi abitano in me e che sono la strada maestra con cui oggi cresco i miei figli.

Mia madre è stata sempre una donna di grandi principi morali frutto di un'educazione di altri tempi. La sua formazione da giovane la ha avuta in Svizzera. Qui ha imparato l'importanza del rispetto, del lavoro e della disciplina.

Hanno lavorato sempre i miei genitori. Dalla mattina alla sera, compresi il sabato e spesso la domenica. Ricordo raramente momenti dell'infanzia trascorsi insieme, anche e soprattutto Natale e Pasqua che erano periodi pieni di impegni lavorativi per loro. Malgrado ciò, non mi hanno mai fatto mancare il loro calore e affetto.

Questo libro è una storia che racchiude tanti momenti di vita vera, vissuti nel corso della mia vita nella quale ho avuto il grande piacere di realizzarmi nel mondo delle carni. Racchiude tanti segreti di questo mondo speciale, che ho imparato a capire ascoltando, osservando e studiando l'operato di persone più esperte.

Per raccontare un po' la mia storia, dopo la scuola dell'obbligo, le superiori e la laurea in Economia, non avevo la benché minima idea del significato di un granello di carne e del suo immenso valore. Ricordo ancora il mio primo giorno di lavoro.

Per mia grande curiosità e per fare buona impressione agli occhi di mia madre e di mio zio, proprietari della azienda di famiglia che da più di trenta anni operava nel mondo del commercio, in particolare quello degli alimentari e dell'abbigliamento, erano già sei mesi che mi facevo vedere al lavoro.

Già! Il primo giorno di lavoro! Il giorno dopo la discussione della mia tesi sul controllo di gestione dell'ufficio acquisti nelle aziende della Grande Distribuzione Organizzata, ero già in sede. Ricordo bene! Venni chiamato nell'ufficio che da sempre era considerato "la stanza dei bottoni". Entrai con un sorriso grande, grandissimo (visto che di fronte a me c'era un mio stretto familiare): ero felice di avere raggiunto un traguardo! Mi sentivo sul trampolino di lancio della mia vita professionale.

Il mio entusiasmo fu subito messo a tacere! Mi sedetti di fronte alla scrivania del capo, nera come la pece, in una stanza grande, dai colori cupi e fredda per il riscaldamento ancora non a temperatura alle otto del mattino; salutai in modo rispettoso e riverente verso il capo azienda. Avevo sempre saputo, dagli insegnamenti di mia madre, che bisognava separare la famiglia dal lavoro per il bene dell'azienda e che i figli potevano entrare a lavorare solo se avevano volontà e competenze. Fui subito accolto in modo gelido.

"Raffaello! In questa azienda contano solo i risultati. Se non porti i risultati te ne vai a casa! Puoi andare!". Rimasi veramente congelato… un po' per il freddo, un po' per l'affermazione. Il mio volto raggiante si trasformò in un viso misto tra il sorpreso e l'incredulo. Mi alzai e senza proferire parola me ne tornai al mio posto.

Mi domandavo, cosa poteva aver balenato nella mente di quell'uomo per trattarmi in un modo così incomprensibile. Capii subito che nessuno mi avrebbe regalato niente e che tutto quello che avrei trovato me lo sarei dovuto guadagnare con fatica e sudore. Questa è solo una delle tante situazioni in cui mi sono trovato a subire, per rispettare regole e consuetudini non scritte, spesso umorali e incomprensibili, che ti stringevano e ti costringevano a fare ciò che ti veniva ordinato.

Oggi ripenso a quelle regole che mi hanno condizionato per tanti anni e ringrazio chi, con i suoi modi e con fini ben precisi, ha contribuito a farmi diventare quello che sono oggi. Lo posso dire ad alta voce dopo venti anni, che a me non è stato regalato niente e quello che ho e quello che sono me lo sono guadagnato con il sudore della fronte, con la fatica mentale, con grande sopportazione e resilienza. Una regola in particolare mi è rimasta impressa: "I figli dei proprietari (come ero anche io), devono fare la gavetta e senza stipendio per due anni". E così fu! Scoprirò poi che la cosa era valida solo per alcuni.

Un inizio tutto in salita, nel mondo del lavoro! Questo cammino è stato un insieme di esperienze dure e impegnative, di momenti bellissimi e di soddisfazioni. Quando sono entrato a lavorare l'azienda di famiglia contava alcuni supermercati e un magazzino. Quando è stata ceduta a un gruppo di supermercati e ipermercati di grandezza nazionale dopo venti anni, i punti di vendita erano diventati quaranta e i centri di distribuzione ben otto. Otto, compreso quello che reputo il mio più grande risultato professionale: il centro di produzione carni.

Posso fregiarmi del grande onore di avere ideato, realizzato, diretto per molti anni un centro di produzione carni autorizzato a livello europeo con bollo CE di duemila metri quadrati con ottanta dipendenti diretti, indiretti ed esterni. In questi locali oltre al ricevimento della carne, la stessa veniva controllata, conservata, tracciata, disossata, lavorata, confezionata, etichettata e poi inviata con un efficace e studiato sistema logistico alle filiali di vendita.

Nel corso della mia carriera ho avuto la fortuna di sviluppare esperienze nel campo della negoziazione di contratti locali, di accordi nelle centrali di acquisto nazionali e nelle trattative giornaliere di derrate alimentari. Nel campo logistico, affiancato sempre da validi mentori, sono riuscito a ottimizzare processi e linee di consegna.

La mia esperienza si è anche sviluppata anche nel marketing con la realizzazione di piani pubblicitari, volantini e pubblicazioni. Nella definizione dei Lay-out di vendita e del facing espositivo dei prodotti nelle filiali, ho ottimizzato le esperienze di venti anni di lavoro. Avendo poi partecipato personalmente alla realizzazione e ristrutturazione periodica dei reparti di vendita, ho progettato e ottimizzato le macellerie con l'ausilio dei più moderni sistemi e innovativi macchinari per la lavorazione, confezionamento e conservazione.

Con soddisfazione ho sviluppato dei corsi di formazione per macellai con la finalità di formare personale, al fine uniformare le procedure per la realizzazione del prodotto finito. Ho maturato, inoltre, esperienze dirette nella realizzazione, applicazione e verifica delle procedure di autocontrollo.

Posso dire di avere maturato una formazione che mi ha portato ad avere un insieme di conoscenze trasversali nel mondo aziendale che poi ho trasferito e utilizzato per accrescere il valore nel settore delle carni e non solo. Oltre alle carni dopo i risultati ottenuti, ho trasferito metodi e sistemi anche ad altri reparti: quello dell'ortofrutta, del surgelato e del pesce.

Replicando lo stesso sistema di acquisto, ricevimento, conservazione, stoccaggio, spedizione, trasporto, comunicazione e vendita per tutti i reparti, ho portato un miglioramento nella qualità, nel posizionamento del prezzo e nella prestazione del servizio. Ho anche avuto la grande fortuna di partecipare per più di dieci anni alla realizzazione del prodotto a marchio private label, di gruppi di acquisto nazionali e di realizzare numerosi prodotti contribuendo alla creazione del packaging, alla scelta della qualità, alla contrattazione del prezzo, delle politiche di vendita di prodotto oltre alla contrattazione per le forniture.

Ricordo ancora bene che quando sono entrato a lavorare nella azienda familiare, il settore delle carni si trovava in una situazione difficile, in termini di vendite e marginalità. I metodi allora impiegati erano ancora quelli degli anni settanta con una gestione acquisti improvvisata, una logistica essenziale, una contrattualistica pressoché inesistente, una negoziazione sui mercati totalmente assente, una gestione del personale attenta solo ai costi (con ferie accumulate in quantità).

Per non parlare dei resi e delle distruzioni di prodotto che gravavano come un macigno sui risultati. Ero giovane allora. Solo ventisette anni. Avevo però dalla mia parte la voglia di emergere, una forza infinita, tanta passione per il lavoro così come avevo imparato nel corso degli anni dai miei genitori, Nedda e Attilio, che per questi insegnamenti ancora oggi ringrazio. Inoltre, prima di entrare a lavorare, ho svolto il servizio civile sostitutivo della leva, in un ente in cui svolgevo l'attività di barelliere in ambulanza.

Una esperienza dura ma anche meravigliosa, che consiglio a tutti e che mi ha arricchito tanto, sia da un punto di vista umano che sanitario. Dal punto di vista umano in quanto ti insegna cosa vuol dire fare del bene al prossimo; dal punto di vista sanitario perché ti consente di acquisire conoscenze utilissime in tante situazioni della vita. Fu anche per questo che quando in azienda o in famiglia si verificavano delle problematiche sanitarie ero spesso chiamato a intervenire e a dare il mio contributo.

Durante il servizio civile ho fatto molte esperienze! Anche molto dure e cruente, visto che ai tempi non erano presenti né i medici, né gli infermieri a bordo delle ambulanze. Ne ho vissute tante! Ne ho vissute anche di bellissime; in particolare di tipo umano, con i pazienti e con le persone partecipanti alla attività dell'ente. Questa esperienza mi è piaciuta talmente tanto, che ho deciso di continuare, dopo il servizio civile, come volontario.

Negli anni ho accresciuto le mie conoscenze e posizioni diventando prima monitore, poi istruttore, vice ispettore, autista soccorritore anche nelle attività in urgenza ed emergenza. Nel mondo del volontariato, appunto, ho conosciuto la mia compagna di vita Nelli, con cui oggi vivo in armonia, insieme a tre figli (Robert e i due gemelli Giulia e Andrea).

Una esperienza dal valore non trascurabile, era in particolare quella in cui svolgevo il servizio di soccorso avanzato, di urgenza ed emergenza, a bordo delle ambulanze. Con questa esperienza ho imparato che le cose bisogna farle e farle bene (ne va della vita delle persone); qui ho imparato che, in certe circostanze, non è ammesso fare errori! Questa impostazione è rimasta come imprinting anche nella mia attività lavorativa.

Nei capitoli di questo libro vi racconterò la mia vita professionale nel mondo delle carni, arricchite dalle mie conoscenze, dalle mie personali esperienze, condite con aneddoti, esempi e sfide che ho incontrato lungo il mio cammino. Viaggeremo insieme in questo speciale mondo, per comprenderne il grande valore. Vi darò tanti spunti e tante informazioni per potervi consentire di valorizzare al meglio il prodotto, così come ho fatto io.

Impareremo a conoscere l'importanza degli acquisti del prodotto per poter aumentare i margini senza intaccare la qualità, a lavorare il prodotto in modo da ottenere i massimi risultati di servizio e rendimento oltre a come gestire la vendita con l'obiettivo di raggiungere i guadagni attesi.

È mio desiderio, con questo libro, trasferire a tutti coloro che lo desiderano (Imprenditori piccoli e grandi, Direttori Commerciali, Buyers delle carni, Responsabili di Macellerie, Operatori del Settore, Macellai, consumatori curiosi di sapere come funzionano le cose), i frutti della mia esperienza per poter arricchire, anche con una sola informazione in più, chi opera in questo ambito, chi ci vive, chi come me ne è appassionato.

La carne è una passione! Ti entra dentro. Ti modella così come tu modelli Lei. Non puoi capirla e viverci se non hai questa passione. Molti di voi, sono sicuro, comprendono a fondo questi miei pensieri. Se hai queste fondamenta di base, questo è il libro per te.

Inoltre capire, studiare, conoscere, lavorare la carne ti arricchisce. In tutti i sensi. Ti fa diventare un tecnico ammirato e sempre visto come la persona esperta di un mondo che è per pochi, ma al servizio di tutti.

E poi! "La carne è un valore e ti fa guadagnare"! Come mi ha insegnato, al tempo, un mio carissimo mentore, macellaio e amico (M.): "Un grammo di carne vale 100 lire"!

Capitolo 1:
Viaggio nel mondo delle carni

Quello delle carni è veramente un mondo. Si possono scrivere libri e trattati lunghi e complessi su questo argomento e non riuscire a esaminare la miriade di sfaccettature di cui si compone.

La mia storia è un lungo viaggio nel mondo delle carni. Ve lo racconterò facendovi partecipi di tutte le conquiste, le conoscenze che ho acquisito nel corso dei venti anni di lavoro trascorsi come responsabile del settore delle carni fresche della azienda familiare, operante nella grande distribuzione organizzata (GDO). Le conquiste e le conoscenze che possono permettere a tutti coloro che operano in questo settore di mercato di guadagnare molto, molto bene. Per comprendere meglio di cosa stiamo parlando a livello di importanza, cerchiamo di analizzare dei numeri.

Forse non tutti sanno che nel corso del 2018 l'Italia si è classificata prima in Europa per incidenza di consumi alimentari pro capite. Un valore di 2.500 euro annui circa, davanti a paesi come Francia, Germania e Spagna, toccando il massimo dell'ultimo decennio. Nello stesso anno, su tutto l'ammontare dei consumi alimentari in Italia, ben il 16% a valore, è proprio sviluppato dalle carni in tutte le sue varie forme. Stiamo parlando di milioni e milioni di euro.

Inoltre è interessante sapere che nel mondo biologico, il 35% degli acquisti totali a valore avviene nel mondo delle carni. Se consideriamo poi che i consumi di prodotti confezionati pronti da mangiare è in crescita nel nostro paese del 5,6% e che il cliente ha incrementato gli acquisti del prodotto di origine italiana, abbiamo delle informazioni preziose su cui poter lavorare. Da non trascurare ancora, la tendenza generale del mercato che ci indica che gli italiani hanno incrementato i consumi utilizzando il sistema di spesa con consegna a domicilio dell'80% rispetto all'anno precedente.

Tutto questo ci deve far riflettere. Queste informazioni preziose, ci danno un'idea dell'importanza dell'argomento che stiamo trattando e quali risvolti futuri avrà il mercato nel breve e medio termine.

Siamo nell'epoca dell'informazione, come ci ricordano i giornali e i guru di questa branca: "Chi ha l'informazione domina chi non ce l'ha!", ci viene ripetuto sempre. Ecco! Noi ce le abbiamo le informazioni. Ora ci servono solo gli strumenti e una guida. Perché come dice il grande financial coach Alfio Bardolla: < Se avete un mentore che ha ottenuto i risultati, che vi dice come fare e fate il 100% di quello che vi dice, sicuramente avrete successo>!

Molte volte di fronte a una sfida molti di noi si tirano indietro e si adagiano nella "propria zona di confort", dove tutto rimane fermo, stabile e monotono. La mia esperienza e questo libro, vi faranno capire quanto è importante agire, quanto è importante darci da fare per raggiungere l'obiettivo che vi assicuro è più vicino di quanto non crediate.

Uscire dalla "propria zona di confort" è sempre un passo (facile da fare, come facile da non fare...). Se volete migliorare veramente dovete muovervi, agire; alcune volte basta una azione, basta spingere una porta e magicamente il tuo mondo si aprirà a possibilità di riuscita incredibili.

Voglio con queste parole, ispirarvi e motivarvi verso il miglioramento. Uscendo dalla "zona di confort"! Non accontentandovi, potete operare quei cambiamenti che vi porteranno al successo.

Se questo è lo spirito che vi appartiene allora questo è il vostro libro nel settore delle carni. Vi darà idee, spunti e strumenti in un settore pieno di opportunità di guadagno, non solo economico ma anche personale. Chi di voi vuole uscire dalla zona di confort e raggiungere grandi guadagni?

Vi assicuro, che è bellissimo (molti di voi sicuramente sanno a cosa mi riferisco, in quanto vi sarà certamente capitato), di essere sulla cresta dell'onda, di essere il punto di riferimento per gli altri, di essere stimato e apprezzato per il lavoro svolto, di essere riconosciuti, rispettati, di essere più amati dalle persone che vi vogliono bene… di essere chiamati dal vostro capo che vi dice: "Bravo, complimenti, ti meriti un premio… !!!". Certo! È capitato anche a me.

Gli inizi…

È incredibile la catena di accadimenti che sono legati alla mia storia. Dal 1997 avevo iniziato a lavorare con impegno e volontà. Vedevo nel lavoro la realizzazione di venti anni di studi economici che mi avevano portato alla laurea in Economia all'Università La Sapienza di Roma. Vedevo, inoltre, la continuità del lavoro della mia famiglia, di mia madre, dei miei nonni, dei miei bisnonni. Era un sogno che si realizzava per me.

Fui affiancato, in quanto nuovo in azienda, ai due responsabili del settore delle carni. Uno macellaio esperto, dotato di grande conoscenza del prodotto maturata fin dagli anni '60 nella attività di vendita al pubblico e l'altro con una carriera negli acquisti come buyer di settore (due persone che ci hanno lasciato da poco, ma che hanno lasciato un grande ricordo).

Allora trascorrevo le mie giornate ad ascoltare in silenzio le loro telefonate, i loro incontri con i fornitori oltre ad accompagnarli presso i magazzini dei grossisti per selezionare le carni di migliore qualità. Li seguivo poi nella loro attività di acquisti, logistica e supporto delle vendite. È stato certamente un periodo molto formativo per me, in particolare per capire il funzionamento dell'azienda e per capire le dinamiche interpersonali.

Compresi subito che il reparto a cui ero stato assegnato era pieno di difficoltà e che era considerato da tutti: "Il problema". Non poteva essere altrimenti, visto che si voleva avere una conoscenza aziendale, di marketing, del personal computer e di tutti i programmi che ci giravano dentro, da due persone molto esperte sul lato pratico, ma con una vision di altri tempi. Il computer per questi due bravissimi lavoratori, pieni di volontà e di buone intenzioni, rappresentava un idolo, di cui avere quasi paura per le conseguenze che avrebbe potuto portare se utilizzato in modo scorretto e da allontanare il più possibile.

Per me questa fu un'opportunità. Ero sempre stato appassionato dei computer. Avevo fatto la mia trafila formativa dall'Atari, al Vic 20, al Commodore 64 per arrivare ai più moderni personal computer. Ero di certo un bravo utilizzatore. Pensai, posso automatizzare attività, processi e procedure sfruttando tutto il bagaglio di conoscenze apprese con gli studi e le esperienze di questi due esperti lavoratori.

Tutto mi sembrava potesse proseguire per il meglio, ma i miei voli pindarici, i miei sogni di crescita, miglioramento e sviluppo, furono subito fatti bruscamente atterrare. Ricevevo messaggi con voci tonanti dall'alto: "La laurea qui non conta niente! Conta solo l'esperienza! Non si cambia ciò che funziona!". Mah! Rimanevo incredulo a queste affermazioni. Non mi spaventavo e non mi fermavo; ero determinato ad andare avanti!

Per farmi stare buono al mio posto fui subito incaricato di una attività che nessuno voleva fare! Il carico nel sistema informatico AS 400 delle bolle di consegna dei fornitori delle carni, di tutti i punti vendita! Un lavoro meccanico, ripetitivo e massacrante psicologicamente che richiedeva tante ore. La mia conoscenza del personal computer mi aiutava, ma spesso mi obbligava a chiudere gli uffici con il custode, che con maniere gentili mi chiedeva ogni sera se poteva serrare la porta. Le mattine seguenti ovviamente ero il primo a essere chiamato a rispondere del ritardo della chiusura degli uffici!

Non mi abbattevo! Ero certamente determinato all'obiettivo, volevo raggiungere l'incarico di Responsabile Commerciale del

Reparto delle Carni. Se era quella la strada, se era quello lo scotto da pagare ero pronto ad andare avanti. Testa bassa e lavorare sodo!

Per spiegare un po' i sistemi interni, ricordo che prima di me era entrato a lavorare nella azienda di famiglia in cui mia madre deteneva il 50% delle quote partecipative, anche un mio stretto parente (del ramo sbagliato, probabilmente…). Fu subito relegato in una stanza senza finestra e sotto una scala a seguire i settori più impegnativi e complessi.

Ai figli dell'altro ramo (quello giusto), furono subito concessi grandi uffici, segretarie, collaboratori e ruoli di responsabilità. Sognavo anche io di arrivare li. Mi domandavo, più volte, il motivo per cui dovessi fare una gavetta così dura, spesso al freddo delle celle frigorifere, in mezzo al sangue, con le mani sporche, quando c'era chi, privilegiato, godeva di trattamenti di favore e orari da principe.

Non volevo accettare questo modo scorretto e non paritario. Sapevo dentro di me, che stavo acquisendo conoscenze e informazioni che mi sarebbero state utili per il successo. Mi stavo specializzando! Per di più in un settore complesso nel quale se ne sai tante, non hai concorrenti nel mercato del lavoro. Con la conoscenza, alla lunga, nelle carni, diventi indispensabile! Pochi ne capiscono a fondo e tutti hanno bisogno di te!

Trovavo sul mio cammino sempre degli ostacoli! Una mattina al rientro in ufficio, una bella sorpresa mi attendeva! In prima mattina, prima dell'apertura, un tecnico aveva montato, proprio accanto alla mia scrivania, un modernissimo Fax nuovo di zecca! Immaginate…!!! Tutti gli ordini dei prodotti del settore commerciale e le richieste del settore amministrativo venivano effettuati via fax. Tutti quegli ordini e richieste dovevano essere inviati dal fax presente nel mio ufficio! Il suono della linea telefonica oltre al traffico di persone era una complicazione inimmaginabile.

Ma io volevo arrivare! Feci buon viso a cattivo gioco, come dovetti fare per molto, molto tempo. Una situazione che oggi mi fa sorridere, ma che al tempo vivevo come un una costrizione veramente pesante! La vivevano male anche i miei colleghi di ufficio, quando vedevano, attraverso i vetri separatori dell'openspace, come venivo trattato! Uno di loro una volta mi ha confessato che erano spaventatissimi! Pensavano: "Se si comportano così male con lui che è figlio di un titolare, figuriamoci che cosa potrebbe accadere a noi!". Risultato, non volava una mosca! Tutti a testa bassa, a lavorare e in silenzio. In alcuni momenti si sentiva solo il battere dei tasti dei Pc!

Oggi posso dire serenamente che, le difficoltà che incontravo nel lavoro e quelle che mi venivano propinate con altri fini, avevano su di me l'effetto contrario, riuscivano solo a rendermi più forte.

La classificazione delle carni

L'affiancamento ai due responsabili del reparto carni mi fu estremamente utile. Compresi sin da subito che l'arma migliore da utilizzare era l'umiltà. Non mi mancava, fortunatamente l'educazione ricevuta in famiglia mi aiutava.

Mi posi subito come chi, partendo da zero, avesse tutto da imparare; ascoltavo tutto ciò che mi veniva detto, facevo tante domande, come un bambino che si affaccia alla vita! Osservando gli altri, rubavo con gli occhi, tutto ciò che poteva essere appreso.

Fui indubbiamente aiutato da queste due persone esperte che mi avevano preso in simpatia e mi consideravano come un figlio; per loro era spesso un impegno trasmettere le conoscenze di una vita, ma anche una cosa di cui andare fieri; insegnare al figlio della titolare ciò che avevano imparato era per loro motivo di orgoglio. Capii, che per loro non c'era niente di più gratificante del sentirsi mentore di qualcuno.

Da parte mia, devo dire che, non mi bastava mai, non mi annoiava mai! Consideravo troppo bello e interessante questo lavoro e tutto il contorno, che era tutto da scoprire e sempre nuovo. Avevo trovato il mio mondo, il lavoro dei miei desideri.

Tanto stupore in azienda generai, quando per imparare, mi misi il camice, la parannanza, il cappellino ed entrai al lavorare in macelleria (l'umiltà non mi mancava ricordate?). Volevo conoscere tutto. In particolare come era fatta la carne e come si lavorava. Non si può neanche immaginare quanto è possibile imparare nello svolgere il lavoro pratico.

Un po' dalle visite ai fornitori, un po' con la formazione in affiancamento ai responsabili, un po' dalla attività pratica in macelleria, riuscii a capire bene tanti aspetti delle carni. Entriamo ora un po' anche nel tecnico per meglio comprendere alcuni significati.

Definizioni

La parola carne ha una radice indoeuropea e proviene dal termine "KER" che vuol dire: tagliare. La carne viene consumata dall'uomo da più di 12.000 anni.

Si compone mediamente di una percentuale del 75% di acqua, da un 20% di proteine, da un 5% di grassi, vitamine e pochissimi carboidrati. Si può classificare a livello commerciale in diversi modi.

In base al colore:
CARNI BIANCHE: tipiche degli animali più giovani le troviamo nelle categorie: Vitello, Capretto, Agnello, Maiale, Pollo, Tacchino, Coniglio. Si caratterizzano per fibre muscolari fini e

magre. Sono facilmente digeribili e possono essere consumate immediatamente dopo la macellazione.

CARNI ROSSE: tipiche degli animali adulti. Caratteristiche delle categorie: Bovino, Cavallo, Piccione, Faraona, Anatra. Sono ricche di sangue e di ferro. Necessitano spesso di un tempo più o meno lungo di maturazione (detto frollatura) con cui le carni si modificano, le fibre diventano tenere e più digeribili.

CARNI NERE: tipicamente la selvaggina. Sono caratterizzate da una elevata durezza delle fibre e necessitano di una frollatura lunga. Spesso, quando mangiate richiedono una lunga digestione.

In base al taglio possiamo avere:
CARNI DI I° CATEGORIA: regione lombare e zona della coscia
CARNI DI II° CATEGORIA: regione costale e spalle
CARNI DI III° CATEGORIA: petto, stinco, coda, collo, addome.

In base alla normativa europea classifichiamo:
UNGULATI: bovini, bufali, bisonti, suini, ovini, caprini, equini
POLLAME: Volatili da allevamento in genere

LOGOMORFI: Conigli

SELVAGGINA: Volatili in genere

Aspetti merceologici

Sono gli aspetti più interessanti. In particolare per imparare a guadagnare con le carni. Questi, infatti, se ben conosciuti, analizzati e approfonditi sono quelli che consentono di poter apportare il valore aggiunto.

IL COLORE: Elemento importantissimo e determinante. Ricordiamoci sempre che il consumatore "sceglie la carne con gli occhi". Compra fidandosi di ciò che vede! Il colore è influenzato dall'età, dal sesso e dalla alimentazione. È determinato dalla concentrazione di mioglobina nel sangue trattenuto nei tessuti. Questa sostanza in presenza di ossigeno tende a prendere un colore rosso vivo. Per cui maggiore ossigenazione nelle carni dell'animale portano a una colorazione di un rosso intenso.

L'ODORE: Le carni in genere non hanno un odore forte. Esistono delle eccezioni come per gli ovini che hanno un odore muschiato e la selvaggina che ha un odore definito selvatico. Un odore stantio è causato invece da una carne mal conservata. Un odore putrido è dovuto al deterioramento delle proteine, mentre il deterioramento dei grassi dà il classico odore del rancido.

LA CONSISTENZA: maggiore negli individui adulti rispetto a quelli giovani (che hanno notoriamente carni più tenere). Questa cambia in base anche alla zona anatomica dell'animale: la parte che determina il movimento ed è più sollecitata tende a essere più consistente; più tenera nelle altre zone anatomiche.

LA FINEZZA: che dipende dai fasci muscolari riuniti nei tessuti connettivi (la così detta grana).

LA SUCCOSITA': variabile in base all'acqua liberata dalla carne durante la masticazione.

LA MAREZZATURA (GRASSO): che è lo spessore del grasso presente nel taglio della carne. Viene classificata in base a una numerazione crescente in base allo spessore (1,2,3...). Quest'ultima è sinonimo spesso, di carni provenienti da animali che hanno avuto un sistema di alimentazione più completo, da pascoli più ricchi di vegetazione da mangiare. Forse è anche per questo che le carni, sono state in grado di condizionare per anni le abitudini di consumo degli italiani, che si sono abituati al Nord a carni più coperte di grasso e al Sud meno marezzate.

Alla vista il consumatore si fa influenzare molto da questo elemento. Spesso credendo che una carne più grassa sia di minore qualità. Al contrario il grasso è un elemento che valorizza la carne. Nelle carni che necessitano di frollatura determina una maggiore protezione del tessuto muscolare. Nella fase di cottura concede un maggiore sapore e tenerezza.

Gli attori: i macellai

Stando in macelleria, a contatto con i macellai, si impara veramente tantissimo. Sono una categoria che posso definire sicuramente come "speciale". Dal mio punto di vista sono loro le stars! I veri attori. Quelli che con la loro professionalità, valorizzano il prodotto trasformandolo. Sono coloro che in tutta la catena del valore determinano il successo o l'insuccesso dell'intera attività svolta. Spesso mal pagati o poco considerati, possono essere l'elemento competitivo in più per lo sviluppo delle vendite.

Dal mio punto di vista, i macellai hanno un'anima. La loro esperienza e conoscenza li porta sempre a considerarsi delle Star, le prime donne, i migliori. Molte volte per presunzione, molte volte in quanto non hanno la fortuna di avere gerarchicamente sopra di loro persone capaci di valutare il loro immenso lavoro e valore, altre volte perché lo sono veramente!

Sono molto professionali, amano il loro ruolo e dal mio punto di vista, a ragione, chiedono rispetto. Mi sono meravigliato molte volte, nei miei primi anni di attività, nel vedere come la loro funzione venisse svilita o declassata. Ho addirittura osservato direttori di filiale utilizzarli per le pulizie o per riordinare i cartoni delle merci, quando il banco necessitava di cure. Che roba!!!

La qualità della carne

Un aspetto che ho imparato gomito a gomito con questa eccezionale categoria di persone, è la qualità. Il consumatore valuta la carne in base al sapore, la succosità, la tenerezza e il colore. I tecnici invece in base alla razza, alla alimentazione, al tipo di allevamento, e al taglio.

È un elemento di differenziazione importante per poter battere la concorrenza. Sapevate che il marketing vincente è quello in cui si riesce a dare un prodotto o un servizio diverso rispetto ai concorrenti?

Se avete, la migliore qualità, potete chiedere un migliore prezzo e valorizzare in partenza il vostro taglio di carne. Il cliente ritorna ad acquistare un prodotto se lo considera buono e migliore degli altri sul mercato. Per questo è certamente portato a spendere anche di più.

Per comprendere ancora di più quanto siano importanti le carni nel modo di pensare dei consumatori, ci basta ricordare come nel dopo guerra ha rappresentato un elemento diversificante nella definizione dello status sociale delle persone. Chi poteva consumarne in maggiore quantità ogni settimana e di qualità migliore, era considerato più ricco. Chi poteva consumare le carni bovine invece di quelle di pollo, magari nei tagli migliori era più benestante; chi doveva accontentarsi delle frattaglie certamente più povero.

Un'esperienza difficile

Ho incontrato una delle sfide più difficili della mia carriera professionale. Ve la racconterò come esperienza ma anche come formazione, per meglio comprendere come poter uscire dalle crisi che ciclicamente investono il settore. Parliamo della mucca pazza!

Era un venerdì. Come tutti i venerdì, eravamo intenti a fare il nostro consueto giro di telefonate per prendere gli ordini della carne bovina direttamente dai macellai dei punti vendita. Riportavamo a mano, su un foglio di carta, le quantità da richieder; lo stesso foglio veniva poi inviato a mezzo fax, all'unico fornitore che avrebbe operato le consegne della merce all'inizio della settimana successiva. La merce bovina infatti veniva caricata presso il macello e dopo il raffreddamento, consegnata direttamente al punto di vendita.

Nel week-end, ricordo, il telegiornale diede la notizia di una mucca che aveva dei problemi di deambulazione. Non gli diedi molta importanza, pensando a uno scoop ideato per vendere più giornali. Il week-end trascorse per me serenamente. Il lunedì successivo i telegiornali furono inondati di notizie legate al problema della poi denominata Mucca Pazza!

Un'ondata mediatica travolse l'intero settore delle carni a livello europeo, nazionale e figuriamoci a livello locale. Fu un vero stravolgimento. Il consumatore guidato dai media, ridusse gli acquisti di carne bovina spostandoli sulle altre carni (suina, ovina e avicola). Ricordo che iniziarono anche a vendersi le carni di struzzo e di cavallo in quantità ragguardevoli rispetto al solito.

Il mercato quella mattina era impazzito! I prezzi di acquisto dei bovini crollavano di ora in ora mentre il prezzo delle altre carni decollavano fino a quotazioni che non si erano mai viste. Quei giorni gli approvvigionamenti furono veramente difficili. Carni suine, ovine e avicole cominciarono a scarseggiare. Contemporaneamente si doveva risolvere il problema del bovino presente in cella frigorifera. Già! Perché in cella c'era l'intero quantitativo del bovino appena scaricato!

Una situazione da far rabbrividire anche il più ottimista e calmo dei commercianti. Bisognava fare qualcosa, subito e bene! Con responsabilità, compresi che era necessario un cambio di rotta. Pertanto mi misi in contatto diretto con i responsabili dei reparti carne dei punti vendita a mezzo telefono e fax (questi allora erano gli strumenti).

Comunicai la modifica immediata degli spazi espositivi, dando maggiore spazio alle merci in quel momento più richieste e riducendo lo spazio del bovino (che allora pensate, incideva a valore il 50% circa delle vendite). Nell'assortimento dei prodotti in vendita, furono inserite nuove lavorazioni delle tipologie di carne che erano al momento più richieste, con l'obiettivo di incrementarne il prezzo medio.

Ad esempio, invece di mettere in vendita la sola coscia di tacchino, che aveva un prezzo di vendita medio al kg molto basso, furono inserite in assortimento, nuove lavorazioni come: sovra coscia di tacchino, fusi di tacchino, bistecche di tacchino (ricavate dalla sovra coscia), ossi buco di tacchino (ricavate dal fuso), spezzato di tacchino.

Lo stesso avvenne per le altre tipologie di carne in assortimento (Suino, Agnello, Pollo, Coniglio…). Inserii in assortimento carni alternative come cavallo, struzzo, quaglia. Il risultato fu sorprendente! Il cliente oltre a trovare un prodotto meglio lavorato, aveva a disposizione una maggiore scelta per preparare nuovi piatti. Il banco appariva con un colpo d'occhio eccezionale e rispetto ai concorrenti offriva un servizio diverso. Il prezzo di vendita medio delle categorie salì e di conseguenza gli incassi a parità di kg venduti. Oltre a ciò, visto che le lavorazioni venivano svolte direttamente dai macellai e non dall'industria, a parità di ore, decollarono anche i margini di guadagno.

Era entusiasmante vedere alla fine di ogni settimana le percentuali di recupero delle vendite. Era meraviglioso per me avere trovato il sistema per poter riportare i risultati al meglio, in termini di incassi e guadagni.

Fu un anno duro. Non c'è che dire. Lavoravo fino a 12 ore al giorno. Ero in continuo contatto con i fornitori di per farmi assicurare la consegna della merce ordinata. Quando il fornitore non riusciva ad assicurarmi la merce, mi mettevo alla ricerca di nuovi fornitori, competitivi nel prezzo e nella qualità del prodotto, per potermi assicurare il 100% di quanto richiesto dalle vendite. Quando poi il fornitore non mi assicurava la consegna ero pronto a richiedere il recupero di quanto non ricevuto emettendo fattura compensativa o richiedendo di merce omaggio.

Alla fine dell'anno, con questa inversione di rotta, riuscii a raggiungere gli obiettivi di vendita e marginalità. Una grande soddisfazione! Per i miei collaboratori, per l'intera squadra dei macellai (che finalmente cominciarono a contare!).

Non diedi peso ai soliti personaggi oppositivi (che tanto oramai avevo capito che ci sono sempre). Dopo questa esperienza, raggiunsi il risultato tanto agognato. Fui investito del ruolo di Responsabile del Settore delle Carni. Dentro di me mi dicevo: "Bravo. Ce l'hai fatta!"

Quanto imparato da questa esperienza mi ha aiutato in occasione di ogni turbolenza del mondo della carne: l'epidemia dell'aviaria del pollo, la febbre suina, la lingua blu ovina…

La cosa importante di questi accadimenti è che i miglioramenti una volta entrati nel modus operandi di tutti i giorni diventano la normalità. Una normalità però migliorata! Che fa vivere di rendita fino alle nuove ottimizzazioni.

Tutte esperienze con stesse caratteristiche ma con un comune denominatore: nel momento in cui si determina la crisi, il terreno è fertile per ingegnarsi, studiare, lavorare di più, collaborare con il proprio gruppo, per uscire vincenti, con maggiori risultati e soprattutto… con maggiori guadagni!

RIEPILOGO DEL CAPITOLO 1:

- SEGRETO n. 1: quello delle carni è un settore che vale in Italia il 16% dei consumi alimentari. Il mercato si sta spostando verso la consegna a domicilio, ricerca caratteristiche di alta qualità e la provenienza italiana.

- SEGRETO n. 2: uscire dalla zona di confort ed essere flessibili al cambiamento ci apre a grandi possibilità di guadagno.

- SEGRETO n. 3: il macellaio è l'attore nella creazione della catena del valore della carne e può determinare il successo o l'insuccesso delle vendite di carni.

- SEGRETO n. 4: nel marketing è vincente chi è differente!

- SEGRETO n. 5: conoscere bene gli aspetti merceologici delle carni, ci consente di poter modificare il tipo di lavorazione e il prodotto da mettere in vendita; si possono così superare i momenti di crisi e cogliere le opportunità per incrementare i guadagni.

Capitolo 2:
Come stimare il valore delle carni

La creazione del valore

La carne è un prodotto fresco. Quando arriva sul banco di vendita o nella pentola, ne vediamo gli aspetti finali, di una lunga catena che definiamo: catena del valore.

Forse non tutti sanno che il prodotto finito, così come lo vediamo, non è altro che il risultato di numerosissime attività che consentono alla carne di essere acquistata, per arrivare sulle nostre tavole. Vediamo come si sviluppa questa catena del valore oltre a renderci conto del grande numero di persone che vi partecipano.

Ogni animale, destinato al consumo umano, viene allevato secondo regole precise e disciplinari seguiti dall'allevatore. Questi si prende cura dell'animale curando l'igiene, l'alimentazione, la salute (con il controllo veterinario), il livello di stress… Una volta giunto alla giusta maturazione, che chiaramente è variabile da animale ad animale, questi viene trasferito al macello, dove viene controllato una seconda volta da veterinari addetti alla qualità e all'igiene.

Una volta macellata, la carne viene raffreddata in base alla tipologia e destinazione di lavorazione. Viene poi destinata al consumo o sezionata in varie parti. Viene etichettata in base alla tipologia, pesata e tracciata con un apposito numero di lotto. Passa quindi alla conservazione in apposite celle frigorifere a temperatura controllata; una volta definita la destinazione, viene caricata e trasportata su appositi mezzi frigoriferi fino al luogo di vendita. Qui viene ricevuta, ancora una volta controllata e conservata per poi essere messa in vendita, dove il consumatore finale la acquista.

Comprenderete bene, che ogn'una di queste fasi, necessita del lavoro di persone altamente specializzate. L'allevatore, il medico veterinario che cura l'animale, il contadino che produce l'alimentazione, il trasportatore che trasferisce l'animale vivo al macello, il veterinario che verifica la qualità al macello, il sezionatore nel laboratorio di produzione, il confezionatore che la etichetta, il trasportatore che la porta al punto di vendita, l'addetto che la riceve, il macellaio che la lavora, la confeziona e l'etichetta per poi esporla al pubblico.

Oltre a questi che sono gli attori principali della catena, ci sono poi altri soggetti che si preoccupano degli approvvigionamenti, dell'emissione dei documenti, della tracciabilità, del controllo microbiologico, della manutenzione degli impianti, dell'aspetto igienico, dello smaltimento. Pensate quindi a quanti attori partecipano alla creazione del valore di un pezzo di carne perché giunga al consumatore finale.

Ho avuto modo, negli anni, di visitare tante aziende più o meno grandi del settore delle carni e posso affermare che la complessità di certo non manca. È meraviglioso comunque vedere come l'uomo nel tempo si sia evoluto e adattato per raggiungere degli standard che hanno portato ad accrescere il valore del prodotto.

La lavorazione

La mia esperienza nasce dalla gavetta. È in macelleria che ho acquisito l'esperienza e il metodo per lavorare, confezionare e vendere la carne. È in macelleria che ti rendi conto quanto sia complesso questo mondo e allo stesso tempo quanto sia speciale, meraviglioso e pieno di opportunità.

Ricordo ancora gli inizi. Ero un giovane inesperto della materia, ma armato di tanta buona volontà, curiosità e spirito di sacrificio. Mi trovavo al cospetto di macellai che erano dei veri mostri sacri. Sicuramente con un livello di scolarizzazione non eccelso, ma con anni e anni vissuti con il coltello tra le dita e con un'arte da insegnare. Ho sempre avuto il massimo rispetto di queste persone, prima di tutto come professionisti ma anche come uomini.

Ciò che mi colpì subito entrando il primo giorno in macelleria, fu l'attenzione maniacale alla pulizia dei locali, delle superfici, delle attrezzature e delle celle frigorifere. Mi sembrava più una sala operatoria! Tutti i tavoli di lavorazione erano puliti, le parti in metallo brillavano come fossero nuove, i coltelli e gli utensili erano tutti brillanti e riposti negli appositi armadietti. Entrando la mattina nei locali, sentivi un odore di pulito; il personale vestiva camici e cappellini lavati e stirati.

C'era un silenzio di fondo rotto ogni tanto dal rumore di utensili che battevano e macchinari che lavoravano. Ogni elemento della squadra sapeva cosa fare, come e quando farlo. L'intera squadra lavorava in modo assennato e collaborativo per raggiungere all'apertura l'allestimento completo del banco di vendita. Tutto aveva una aria di ordine e perfezione. "Che spettacolo! Una macchina perfetta! Voglio farne parte anche io!" pensavo tra me e me.

Si capisce subito, vedendo questo scenario, che la figura centrale è il Macellaio per la sua alta specializzazione e professionalità. È lui infatti l'attore della filiera della carne che valorizza il taglio grezzo per farlo arrivare come prodotto finito al consumatore. Dalla scrivania dell'ufficio questo non si può comprendere. Per capire come funziona, devi essere presente, ci devi stare, lo devi vedere con i tuoi occhi e soprattutto lo devi fare! Sporcarsi le mani è la prima cosa. Ti fa capire che non è un mestiere leggero, che in alcuni momenti c'è da sudare e da correre, rimanendo sempre concentrati sull'obiettivo. Capisci poi che conoscere tutta la filiera di lavorazione ti consente di sfruttare al massimo ogni singolo aspetto e ottenere grandi risultati.

Il tempo

Lavorando in macelleria, si capisce il valore del tempo. Ricevere la merce, compilare il manuale dell'autocontrollo per la verifica delle merci e degli ambienti, tracciare ed etichettare il prodotto, lavorarlo (affettando, sbraciolando, spezzando, macinando, condendo…), pesare, prezzare, confezionare, esporre e vendere. Tutte attività da svolgere in tempi brevissimi e ottimizzati. Con una attenzione massima e senza sbagliare. Non facile! Non facile!

Ogni singola attività riveste una importanza economica. Al ricevimento della merce è necessario effettuare il controllo qualitativo/quantitativo (fase fondamentale dal grandissimo valore) per verificare che quanto consegnato corrisponda in tutto e per tutto a ciò che è stato ordinato. I locali devono rispettare le norme di igiene (riportate nel manuale dell'autocontrollo) e le attività devono seguire alla lettera le corrette prassi di lavorazione (riportate nel manuale operativo).

Il prodotto giunge con un lotto di produzione e di lavorazione che saranno riportati in etichetta per consentire di risalire alla provenienza. Durante la lavorazione l'etichetta di quel lotto segue il pezzo da lavorare per mantenere la tracciabilità (e consentire in caso di necessità la rintracciabilità). Nella lavorazione con l'utilizzo della coltelleria, delle attrezzature meccaniche (segaossa, affettatrici, tritacarne, polpettatrici, insaccatrici, hamburgatrici, cotolettatrici…) viene realizzata una notevole quantità di preparazioni fresche, preparate e condite.

Una volta ottenuto, il prodotto finito viene riposto nell'apposito foglio o vaschetta per il confezionamento. Con l'utilizzo della bilancia etichettatrice viene etichettato riportando denominazione dell'articolo, lotto di tracciabilità, ingredienti, allergeni, temperatura di conservazione, peso netto e tara, prezzo al kg o a confezione. Il prodotto viene poi esposto alla vendita seguendo le indicazioni di lay-out e facing del reparto in base a: incidenza delle vendite, politica del settore, tipologia di consumo, taglio, peso, conservabilità, servizio da prestare al cliente, prezzo…

Comprenderete facilmente che fare tutto questo, non è uno scherzo. Mi domando se il consumatore, quando prende una confezione di carne in macelleria se ne rende conto! Capirete bene che svolgere tutti i passaggi con accuratezza e precisione senza sbagliare necessita di preparazione ma anche di tempo.

Il tempo. È la vera risorsa scarsa! Quella che manca sempre! Manca in tutte le attività, in macelleria ancora di più. Per recuperare tempo per poter fare, è necessario ottimizzare le procedure, le attività del team, avere un bravo team-leader (competente, rispettato e responsabile).

Questa è una sfida incredibile, che si rinnova tutti i giorni e che necessita non solo di testa, ma anche di lavoro fisico e fatica. È una sfida bellissima nella quale, posso dire, mi sono immerso con grande passione, entusiasmo e dedizione. Conoscere il funzionamento di tutti gli anelli della catena del valore, ti consente di trovare tutte le opportunità inespresse che possono fare al caso tuo.

Tutto si può migliorare e ottimizzare
Questo è il principio cardine per lavorare e guadagnare nel settore delle carni. Le lavorazioni in particolare si possono svolgere con approssimazione e utilizzando sempre lo stesso sistema. Oppure si

possono ideare e applicare metodi e procedure testati o frutto dell'esperienza. Mi riferisco ad esempio all'utilizzo di alcune tipologie di macchinari che oltre a far risparmiare del tempo consentono di avere un prodotto lavorato più finemente. Posso fare alcuni esempi.

Affettare a mano è un'arte. Siamo tutti d'accordo. Bisogna però saperlo fare. Ci vuole un buon maestro che ce lo insegni. Oppure si può utilizzare una affettatrice, con cui si può meglio standardizzare la lavorazione. Oppure si può utilizzare una affettatrice automatica che oltre a standardizzare non necessita della persona che vi opera. Oppure ancora, si può utilizzare una affettatrice industriale che divide in fettine un taglio intero, riducendo tempi, costi e sfridi.

Altro esempio è la lavorazione delle bistecche (o braciole). Queste possono essere lavorate a mano con la mannaia o con il coltello lungo. Anche questa un'arte. In alternativa si può utilizzare una cotolettatrice che in poco tempo ottiene il risultato!

Altro esempio può essere la produzione dei macinati. Ci sono molti modelli di tritacarne! Ce ne sono: da banco, con appoggio a terra, industriali, refrigerati… Tanti tipi e modelli in base alla produzione che si vuole realizzare. Non dimentichiamo mai quanto questo prodotto sia importante per il guadagno della macelleria. In molte lavorazioni è in percentuale uno dei prodotti finiti maggiormente realizzati.

La sua vendita rappresenta quindi in molti casi il guadagno dell'intero ciclo del lavoro. Questo prodotto deve rispettare dei canoni di dimensione in base alle abitudini di consumo (realizzabili modificando lo spessore del buco della piastrina su cui scorre la lama della coltellina). Questa inoltre è una lavorazione particolarmente delicata. Essendo lavorata con il contrasto di due elementi metallici (coltellina e piastrina), la carne tende ad aumentare la propria temperatura. L'aumento della temperatura genera l'effetto di modificarne le caratteristiche organolettiche e a favorire la proliferazione dei batteri.

La conservazione
Parlare di conservazione della carne ci fa aprire un capitolo a parte in quanto questo prodotto è molto sensibile alle variazioni di

temperatura dell'ambiente in cui si trova, in cui viene lavorata e immagazzinata.

La carne fresca una volta macellata, viene raffreddata e portata a una temperatura che varia da 0 C° a/+4 C° in base alla tipologia. Il trasporto viene effettuato utilizzando appositi mezzi refrigerati, a una temperatura di -1 C° +7 C° nel rispetto delle tabelle ministeriali (per distribuzione frazionata massimo +10 C°). Una volta giunta nel luogo di lavorazione viene conservata a temperatura di massimo +4 C°.

La stessa temperatura di conservazione dovrà essere mantenuta per le celle di stoccaggio per i banchi frigoriferi espositivi. Il tutto per consentire una conservazione al meglio delle carni. Dobbiamo ricordare che le carni all'incremento della temperatura, a causa della elevata presenza di acqua nella loro struttura fisica, sono aggredibili dai batteri deputati alla decomposizione. Per cui maggiore sarà la temperatura, più veloce sarà il deterioramento, più il prodotto tenderà a perdere le sue qualità organolettiche o di struttura originarie e peggio si conserverà.

Questo aspetto riveste una importanza fondamentale nella produzione dei macinati. Come già detto l'incremento della temperatura avviene già nel macchinario tritacarne per effetto del passaggio della coltellina sulla piastrina. Inoltre, altri shock termici che interrompono la catena del freddo si hanno quando le carni vengono lavorate, trasferite sul banco vendita e poi portate dal consumatore fino al frigorifero della propria abitazione (che molto spesso non rispetta le temperature sopra descritte).

È fondamentale quindi tenere sotto controllo tutte le varie fasi e monitorare la temperatura. Oggi la tecnologia ci viene in aiuto. La temperatura al macello è controllata direttamente in cella con l'ausilio di termometri collegati a un computer che monitora e segnala con degli alerts il superamento di determinati limiti.

I trasporti sono oggi monitorabili con sistemi di rilevazione in tempo reale consultabili in cabina dal trasportatore e in sede dalla organizzazione logistica. Le celle di stoccaggio hanno dei sistemi collegati ai computer che consentono di controllare e rilevare ogni anomalia. Se ciò non bastasse, è possibile utilizzare dei dispositivi datalogger che rilevano le temperature o delle etichette che al superare determinati limiti cambiano di colore.

Normativa e conservazione delle carni

Il tema della normativa è direttamente collegato alla conservazione delle carni. Esistono numerose leggi, normative e decreti che possiamo enunciare per far comprendere come questo aspetto sia fondamentale per consentire al consumatore finale di avere un prodotto con la massima salubrità.

Il mio suggerimento è sempre quello di rispettare le regole, in ogni loro aspetto, anche quando queste sono particolarmente stringenti. In venti anni di lavoro, ho avuto contatti diretti con numerosi organi di controllo: ASL, NAS, Repressione frodi, Vigili urbani, Ispettorato del lavoro, Guardie forestali… (ho dimenticato qualcuno?).

Ho imparato e consiglio vivamente a tutti di rispettare le norme! Sempre! Si lavora con soddisfazione, con maggiore tranquillità e sicuramente meglio. Consiglio vivamente a collaborare sempre con gli organi di controllo e quando e se possibile, consultarli al sorgere di eventuali dubbi, prima di fare qualche vero e proprio… arrosto! A tale proposito mi preme ringraziare i dottori S. e P. che mi hanno fatto ben comprendere questi aspetti; mi hanno dato la possibilità di prevenire rischi e di poter così dare al consumatore finale delle carni veramente di alta qualità!

Chi opera in questo settore, sa bene, quanto ogni attività, ogni operazione svolta nel rispetto delle regole possa involontariamente far incappare in problemi, sanzioni amministrative e addirittura penali. Certo! Anche io non sono stato indenne dai rischi. Anche a me è capitato di incontrare delle problematiche di questo tipo. In particolare all'inizio della mia attività, quando molte procedure e sistemi erano da ottimizzare. Con il tempo ho capito bene che la problematica andava gestita seguendo una regola fondamentale: rispettare l'organizzazione.

Le carni vanno commercializzate rispettando regole e procedure. Le lavorazioni devono seguire un iter ben preciso in modo che tutti gli attori operino per il conseguimento del risultato di vendere delle carni salubri, qualitative e nel rispetto delle regole.

Norme nazionali, europee, decreti e leggi hanno negli anni subito una evoluzione. Vista la complessità di questi numerosi compendi normativi, che spesso si intrecciano tra di loro, con ricadute che necessitano di una interpretazione giuridica da veri esperti, il mio suggerimento è quello di adottare un sistema di HACCP (Hazard Analisys of Critical Control Points) o autocontrollo che ci consenta di lavorare nel rispetto delle leggi.

Il manuale che ne scaturisce diventa uno strumento anche replicabile, su come comportarci nelle attività di acquisto, ricevimento, stoccaggio, etichettatura, lavorazione, conservazione, tracciabilità e vendita. Gli operatori saranno tenuti al rispetto delle procedure! Certo che questa è una attività che costa tempo e denaro, ma se standardizzata in modo routinario, porta ad avere risultati di grande rilievo.

Fondamentale è il controllo delle procedure. Tale controllo oltre che da persone interne all'azienda, va appaltato anche a organismi esterni che con l'ausilio di una apposita check-list (scheda di controllo) potrà verificare le corrette rispondenze tra attività programmate e procedure realmente svolte. Inoltre lo stesso organismo esterno, potrà effettuare verifiche e tamponi sulle superfici e analisi sui prodotti per monitorare ogni aspetto legato alla qualità.

Come detto non è facile trasferire a tutti gli attori, tutte le informazioni legate alla gestione della qualità, al mantenimento della salubrità degli ambienti di lavoro e al corretto modus operandi per la lavorazione delle carni; adottando però una corretta organizzazione si può fare.

L'organizzazione come tutti noi sappiamo, va a braccetto con la formazione. Questa è la parola magica che significa: metodo ideale per trasferire ad altri ciò che è patrimonio della conoscenza e dell'esperienza. Vi assicuro, per esperienza vissuta, che ogni attore della filiera è in grado di applicare le procedure.

RIEPILOGO DEL CAPITOLO 2:

- SEGRETO n. 1: La catena del valore delle carni è formata da numerosi attori che accrescono con la propria opera il valore del prodotto finito che giunge al consumatore finale.

- SEGRETO n. 2: Il macellaio riesce a trasformare le carni dando maggiore valore con la sua opera al prodotto grezzo generando valore aggiunto.

- SEGRETO n. 3: La creazione del valore delle carni è una attività complessa che richiede del tempo. Ogni attività è ottimizzabile recuperando tempo e denaro utilizzando appositi macchinari e attrezzature.

- SEGRETO n. 4: La conservazione delle carni deve rispettare apposite regole per evitare la proliferazione dei batteri che possono alterarne la qualità. Le temperature in particolare devono rispettare i limiti di legge nelle varie fasi ed essere controllate in modo metodico.

- SEGRETO n. 5: Il rispetto delle regole ci consente di lavorare in serenità offrendo le migliori carni al consumatore senza incorrere in sanzioni.

Capitolo 3:
Come guadagnare comprando

Il guadagno

Addentriamoci un po' di più nell'aspetto più caratteristico di questo libro. Il guadagno. Guadagnare vuol dire tante cose. Ottenere utile o profitto da un lavoro, da una prestazione o da uno scambio. Vuol dire anche trarre vantaggio da un comportamento, essere migliori, ottenere riconoscimenti e meriti. Da che mondo è mondo, l'immagine delle carni è sempre stata associata alla figura del macellaio e a quella del macellaio, spesso, quella della ricchezza.

Sin da bambino ricordo mio padre considerare sempre con rispetto queste persone. Mi domandavo da dove provenissero i soldi per le automobili di lusso, le grandi case e gli abiti firmati che si potevano permettere. Allora questo curioso dubbio mi era oscuro. Ora certamente no! Ho capito, infatti, che la loro abilità risiedeva nel conoscere un mestiere. Un mestiere che si è tramandato di padre in figlio, da padrone a bottegaio e che è sempre stato considerato un'arte, piena di segreti, difficile da capire… figuriamoci da imparare o praticare! Viene da sé, che il mestiere del lavoro delle carni è legato a filo doppio con i soldi e la ricchezza.

Vi siete mai domandati con che cosa si possono avere tanti soldi? Tanti soldi si possono avere con i guadagni. Il guadagno, come ce lo hanno insegnato a scuola è la differenza tra prezzo di acquisto e prezzo di vendita di un bene o un servizio. Maggiore sarà la differenza tra queste due voci, maggiore sarà il guadagno.

Un mantra della mia attività lavorativa negli acquisti è sempre stato: "I guadagni si fanno quando si compra"! È un mantra che risiede nella mente di tutti i commercianti.

Acquistare bene vuol dire, in parole povere, approvvigionarsi del prodotto servizio con la qualità e le caratteristiche che ci occorrono al prezzo minore possibile. Una attenzione particolare dovremo averla per la qualità intesa come tipologia di prodotto avente determinate caratteristiche. Acquistare dal mio punto di vista è una scienza. Acquistare le carni non è fantascienza, ma poco ci manca. Proviamo a ipotizzare di voler acquistare delle carni.

Inizialmente identificheremo **la categoria**: Pollo, Tacchino, Coniglio, Bovino adulto, Vitello, Ovino… **La quantità** di cui abbiamo bisogno. La provenienza. Inoltre **la qualità**: il colore, la classifica, il taglio, lo spessore di grasso, la categoria, la temperatura di conservazione, la consistenza, la finezza, la succosità, il ph, composizione degli eventuali ingredienti e allergeni…

La bravura sta nell'analizzare a fondo ogni singola voce indicata per ogni articolo da ordinare, con la finalità precisa di avere un prodotto che rispetti i parametri di qualità desiderata. La specifica qualitativa è spesso l'elemento differenziante tra noi e la nostra concorrenza. Sbagliare la qualità o offrirne una non in linea con il nostro standard vuol dire non essere più diversi e quindi non più interessanti per il cliente.

La qualità, i tecnici delle carni potranno confermare questa mia affermazione, è spesso l'elemento su cui giocano i fornitori per incrementare i loro guadagni e sottrarli a noi. Dobbiamo essere molto attenti per non incappare nei fornitori che fanno leva sulla poca preparazione di chi acquista, per poter consegnare un prodotto di minore qualità allo stesso prezzo di uno di maggiore qualità. Su questo dobbiamo essere categorici. L'onestà prima di tutto. Se vogliamo vendere la nostra qualità, dobbiamo pretendere dal fornitore una garanzia di continuità della qualità.

Come facciamo? Tecnicamente dovremo essere in grado di conoscere bene la carne che vogliamo acquistare con tutte le sue caratteristiche. Se non ne siamo in grado, possiamo farci aiutare da persone più esperte. L'obiettivo in questo caso è arrivare a creare un manuale interno di qualità dei prodotti al quale attenersi e nel quale catalogare le caratteristiche dei prodotti che desideriamo.

L'ordine

Le caratteristiche identificate nel manuale interno della qualità, saranno riportate ogni volta nell'ordine della merce richiesta al fornitore. Per fare questo ci viene in aiuto la tecnologia. All'interno di un archivio elettronico potremo catalogare le caratteristiche richieste per singolo articolo in un vero e proprio capitolato di acquisto. Ad esempio:

Mezzena di bovino adulto nata/allevata/macellata/sezionata in Italia, sgrassata all'interno, senza rene, peso kg 220, colore rosa, classifica europea E, grasso 2, temperatura 0 +4 C°, carne soda, fine, ph 5,4/5,5.

Questo elemento che potrebbe sembrare banale ai molti, non lo è nella pratica, in quanto ribadendo ad ogni ordine le caratteristiche del prodotto, obbligheremo il fornitore a ricercare quello con le predette caratteristiche a rischio di vedersi restituire la merce alla consegna qualora si verificasse una difformità.

Dal mio punto di vista, il rapporto con i fornitori va gestito sempre con la massima collaborazione e basato sul principio negoziale "Io vico tu vinci". Non ritengo corretto considerare il fornitore un nemico, ma un collaboratore che partecipa con noi alla lunga filiera di creazione del valore delle carni, nel conseguimento del risultato di soddisfare il consumatore finale. Inutile fare guerre puniche con chi insieme a noi vuole raggiungere un obiettivo. Dare fiducia al fornitore quindi, ma se è vero che noi dobbiamo attenerci a regole ferree nel commercio, anche lui lo deve fare grande o piccolo che sia.

L'ordine quindi è particolarmente importante. Così come è altrettanto importante il momento del ricevimento della merce. Il ricevimento della merce e il controllo della stessa all'arrivo vanno affidati, qualora non lo facciate direttamente voi, a persona competente, capace di verificare la rispondenza tra ciò che viene consegnato e quanto ordinato, per quantità, qualità e caratteristiche definite.

Avendo definito le caratteristiche qualitative della merce da ordinare e la quantità, il fornitore è inchiodato a fornirci precisamente quanto richiesto. E se non accade? E se alcuni aspetti non sono rispettati? Il prodotto va restituito al mittente.

Le obiezioni classiche a questa impostazione sono di solito: possiamo perdere la vendita e dire ai clienti che la merce è finita? La risposta è un'altra domanda, anzi più di una domanda! Possiamo dare al cliente un prodotto meno qualitativo di quello che si aspetta? Quale danno di immagine potremmo avere? Il cliente, nostro vero patrimonio, ritornerà ad acquistare da noi ancora una volta?

Lavorare sulla qualità richiede molta professionalità e pazienza. Obbliga a far collaborare tutti gli attori della filiera, dal contadino che lavora la terra, all'allevatore che cresce l'animale, al macellatore, al grossista, al commerciante, fino ad arrivare al cliente. Ogni attore deve svolgere bene la sua parte. Ho imparato, che rispettando il proprio compito, quando tutti lo svolgono al meglio e con i dovuti crismi, la qualità si può ottenere!

Altra obiezione classica è: ma se restituisco la merce perdo la vendita e anche il mio guadagno? La risposta a questa domanda è: possiamo si perdere la vendita, ma, il fornitore contribuirà per la sua parte. Il mio suggerimento è di richiedere un risarcimento pari al valore della mancata vendita o almeno del mancato guadagno.

Altra obiezione che si potrebbe fare è: ma così il fornitore lo perdiamo! Ricordiamoci sempre che il fornitore deve sapere bene che sulla qualità non si scherza; ne va del suo nome sul mercato! Sarà quindi sicuramente interessato a non perdere un cliente che paga le sue fatture regolarmente a fine mese. Per questo sarà pronto a collaborare facendo <mea culpa>! Non è di certo un nostro errore, visto che abbiamo specificato nell'ordine precisamente cosa volevamo ci fosse consegnato. Vedremo che così facendo il fornitore sarà molto più attento nelle consegne successive, visto il rischio che capisce di correre.

Consegne inevase

A maggior tutela, sarà ideale avere per ogni prodotto da acquistare almeno tre fornitori del medesimo valore di qualità, prezzo e servizio. Qualora uno facesse una mossa falsa, potrete certamente appoggiarvi agli altri due in attesa di sostituire quello poco efficiente.

È capitato anche a me di non ricevere la fornitura di merce. I così detti inevasi dal fornitore, come ad esempio le costine di maiale nel periodo in cui si prepara la cassoeula (piatto tipico lombardo preparato alla metà di Gennaio costituito da verza e costine, cotenne, musetto, codini e testa del maiale; la sua origine storica è collegata alla festa di Sant'Antonio Abate che corrispondeva alla fine del periodo di macellazione del maiale), o dei fegatini di pollo nel periodo del capo d'anno, come anche di interi quarti di bovino.

In ogni caso la ricetta è sempre la stessa. Moltiplicare la quantità non consegnata, per il prezzo della merce o del mancato guadagno ed emettere la relativa fattura compensativa per la mancata consegna e il relativo danno subito. Certo, spesso c'è da discutere con il fornitore, ma la soddisfazione che avrete nel recuperare la vendita persa sarà certamente un'ottima ricompensa. Tutto ciò che riuscirete a portare a casa sarà certamente di guadagnato!

Pensate il recupero per ogni mancata consegna per ogni fornitore; pensate anche che quel guadagno non necessita di alcuna lavorazione ma rappresenta una entrata che va direttamente nei vostri ricavi!

Stesso sistema di recupero, si può ovviamente adottare per problemi legati alla qualità, alla lavorazione non corretta, al mancato rispetto delle indicazioni riportate nell'ordine, ai ritardi di consegna rispetto al programmato!

La rosa dei fornitori

È il bouquet di fornitori ai quali potete richiedere la merce necessaria per la vendita. Ricordiamoci sempre! Il fornitore corretto è nostro collaboratore. Ha anche lui il fine di vendere la merce per poter soddisfare i propri obiettivi: guadagnare, pagare i propri dipendenti, pagare i propri fornitori, accrescere la propria immagine e quota di mercato.

Nella scelta dei fornitori, dobbiamo fare un distinguo in base alla riconoscibilità del prodotto. In particolare le carni possono avere un marchio riconoscibile dal cliente oppure essere un prodotto indifferenziato a cui il venditore darà una propria etichetta a lui riconducibile. Ad esempio, la mezzena di bovino adulto è un prodotto indifferenziato (non personalizzato o personalizzabile); la possiamo quindi acquistare da tanti fornitori differenti.

Il capitolato acquisti

È l'elenco delle merci che intendiamo acquistare corredato dalle relative caratteristiche qualitative del manuale interno di qualità. A queste caratteristiche qualitative il fornitore si atterrà per fare la propria offerta. Suggerisco sempre di visitare il fornitore per verificare che quanto proposto in occasione della sua presentazione corrisponda alla realtà e che tale realtà sia confacente con i vostri bisogni.

Ho visitato tanti fornitori, in Italia e in Europa, visto allevamenti al chiuso, all'aperto, grandi e piccoli, intensivi, macelli di ogni tipologia di prodotto, visionato i cicli di produzione di centri di lavorazione e sezionamento. In ogni occasione sono riuscito a verificare con i miei occhi la corrispondenza delle informazioni delle presentazioni delle aziende con la realtà.

Vi assicuro che si può così capire, non solo la serietà e onestà del fornitore, ma anche tutta una serie di trucchi che stando seduto sulla scrivania o dietro a un bancone non si riusciranno mai a comprendere.

Il fornitore superata questa prima fase di verifica (che suggerisco di standardizzare con un'apposita <u>check list visita</u>, al fine di uniformare il metodo di giudizio), sarà possibile capire se il fornitore farà al nostro caso facendo fare una consegna di merce. Qui il mio consiglio è saggiare l'interesse del nostro interlocutore a entrare nella nostra rosa, facendovi mandare la merce da voi richiesta <u>in omaggio</u> (la qual cosa andrà ovviamente a rimpinguare i vostri guadagni).

La consegna

Al ricevimento della merce il fornitore dovrà essere monitorato per assicurarci di aver ricevuto precisamente la merce che abbiamo ordinato. Questo principio è valido sia per la prima consegna del nuovo fornitore che per quelli già da tempo in rosa.

Vi suggerisco di adottare un metodo standardizzato di controllo con una <u>check list allo scarico</u> (informatica su pc o su carta), riportante i dati dell'ordine che abbiamo visto in precedenza che consentano di verificare se quanto e cosa è stato ordinato corrisponde alla realtà, se la provenienza è corretta, se l'orario di consegna è stato rispettato, se la temperatura è stata rispettata, se il colore e il grasso rispettano gli standard, se la lavorazione è conforme, se il mezzo e il trasportatore rispettano i criteri di igiene, oltre a ogni informazione utile per poter essere certi di non aver ricevuto merce che già in partenza ci possa fare perdere di vista i nostri obiettivi.

Il contratto di fornitura

Operando nel settore commerciale delle carni per molti anni, frequentando corsi di formazione, confronti e dibattiti oltre ad aver negoziato prezzi di acquisto sui mercati giornalmente, definito contratti di fornitura in centrali di acquisto della Grande Distribuzione Organizzata, ho acquisito metodi e sistemi molto utili.

In particolare il contratto di fornitura lo considero un elemento essenziale nei rapporti con i fornitori. Questo prospetto prestampato o compilato in base alle necessità, è dove vengono riportate nero su bianco, gli accordi per la fornitura del prodotto tra chi acquista e chi vende. Visto che il potere contrattuale risiede nelle mani di chi paga, a differenza di quello che vi vogliono spesso far credere, vi suggerisco di essere voi acquirenti a definire le condizioni alle quali ci si dovrà attenere per operare la fornitura.

Anche se rappresentato da un foglio di carta, il contratto di fornitura mi piace pensarlo come un vero e proprio momento nel quale si incontrano le volontà di chi acquista con quelle di chi vende. In questo momento le volontà e gli obiettivi delle parti si mescolano in un brainstorming di informazioni al termine del quale, con l'ausilio della negoziazione, si ottiene l'accordo.

Il compratore e il venditore espongono le proprie motivazioni, le proprie volontà e i propri interessi. L'abilità del bravo venditore, che cerca di fare al meglio il proprio mestiere di sviluppo del proprio mestiere di sviluppo del proprio prodotto e del proprio fatturato da una parte, con l'astuzia, la preparazione e la competenza del compratore dall'altra. Vedremo queste due posizioni cercando di capire chi può avere più ascendente o forza nei confronti dell'altra.

Il fatturato

Il fatturato di acquisto per il compratore e di vendita per il venditore, è il valore totale delle forniture effettuate nel corso di un lasso di tempo definito (normalmente l'anno). Il fatturato, oltre a indicare un valore numerico, indica anche quanto è forte una parte nei confronti dell'altra. L'acquirente è più forte se la sua incidenza di fatturato, nel giro di affari totale del fornitore incide di più.

Per questa ragione il fornitore sarà più ben disposto a fare concessioni di sconti, offerte o altro. Caso contrario, se il fornitore ha un elevato peso sul nostro giro di affari, saremo noi ad avere maggiore attenzione nel fare delle richieste. Il fatturato consente quindi di avere una maggiore o minore forza contrattuale da far valere quando si negozia.

Non basta per essere bravi compratori avere dalla propria parte un elevato peso contrattuale. Bisogna anche essere molto preparati, avere studiato nei minimi particolari l'incontro, la vostra presentazione, il tono e la modulazione della voce, il tema da trattare, le richieste da fare e tutto ciò che ci faccia giungere al nostro obiettivo. Il mio suggerimento è quello di utilizzare uno schema standard personalizzato da applicare in occasione dei negoziati di acquisto.

La preparazione

Dal mio punto di vista è il momento più importante. In questa fase anticipatoria, si dovrà pianificare la trattativa in tutti i suoi aspetti. In particolare sarà importante prendere tante informazioni che ci consentano di portare l'interlocutore al nostro obiettivo, che sia esso di prezzo o di servizio.

Dovremo prepararci a parlare dei benefici che avrà la controparte accettando la nostra proposta, preparare domande per capire cosa vuole la controparte. Sarà importante definire delle strategie negoziali che ci consentano di adattarci alla controparte, come portarlo verso il nostro terreno, cosa che certamente potrà aiutare nella riuscita della trattativa. Avere poi convinzioni positive ci potrà aiutare a sentirci capaci di raggiungere l'obiettivo prefissato.

La presentazione

Presentarsi bene all'incontro con la controparte è fondamentale. Un abito discreto e non troppo impegnativo andrà certamente bene; pulizia e capelli curati faranno il resto. Ricordati che non avrai una seconda occasione per fare una prima buona impressione! Un buon saluto con una stretta di mano (anche con due mani per dimostrare collaborazione) potrà aiutarvi a rompere il ghiaccio e smorzare la tensione.

Seguirà una fase di discussione con sviluppo delle argomentazioni delle parti con domande, proposte e obiezioni reciproche (ecco il perché è necessario essere preparati), a cui seguirà una fase di negoziazione per capire quale è il migliore punto di arrivo con la messa su carta dell'accordo raggiunto.

La negoziazione

"Chiedi e ti sarà dato!", recita un antico adagio religioso. Non bisogna avere paura di chiedere. Nella fase di preparazione abbiamo già appuntato tutto ciò che possiamo richiedere alla controparte. Le richieste, suggerisco, devono essere tante e dobbiamo presentarle tutte se vogliamo ottenere il raggiungimento del risultato. Aspettiamoci che la controparte faccia lo stesso.

Ho vissuto numerosi incontri per negoziare accordi commerciali. Ancora oggi do grande valore alle capacità di alcuni venditori che sono stati così abili da proporre in modo convincente le proprie ragioni (chapeau!). Sorrido, ripensando a molti rappresentanti, anche improvvisati e impreparati che hanno sommessamente accettato tutte le numerose richieste fattegli, non avendo argomentazioni per ribattermi.

Io vinco tu vinci

Quando ho iniziato la mia carriera di buyer delle carni, mi è stato insegnato da validi mentori, che esistono diversi sistemi di negoziazione. Uno più rigido, basato sul mordi e fuggi, richieste intransigenti, manipolazioni e prepotenze, tipico di trattative occasionali. Un secondo più collaborativo, basato sulla apertura, sull'accoglimento della controparte, l'analisi del problema e la ricerca della soluzione a vantaggio reciproco.

Per quanto il metodo rigido dimostri di avere molti più risultati in particolar modo di fronte a interlocutori più deboli, io ho sempre preferito il metodo collaborativo. In particolare questo vale ancor più nel settore delle carni, dove trovare aziende serie e strutturate, capaci di darvi ciò che desiderate è difficile.

Per me, quindi, la strada per ottenere i migliori risultati è la collaborazione. La controparte con cui negoziate è il vostro migliore alleato. Rispettatelo, onorate gli impegni presi, mantenete gli accordi e vedrete che sarete ripagati con la stessa moneta. Dare fiducia all'inizio non costa niente! Quando la sua risposta sarà la stessa, condita da capacità, lealtà, onestà, allora il vostro rapporto di collaborazione salirà a un livello superiore, quello della fiducia dove: "se io vinco tu vinci!".

È chiaro che questo risultato lo raggiungerete se il risultato sarà soddisfacente per ambedue. Lo scambio della merce in cambio di denaro non sarà l'unico elemento di soddisfazione del lavoro fatto insieme. Infatti il servizio e le attenzioni del fornitore valgono tantissimo. Ho cambiato molti fornitori della mia rosa nel corso degli anni. Ci sono però fornitori o collaboratori con cui ho sempre lavorato e il motivo è stato dato dal fatto che mi sono sentito seguito e soddisfatto ogni volta che ho fatto delle richieste.

Ricordatevi sempre poi, che la controparte ha delle ragioni che lo motivano a fare, che voi potrete certamente utilizzare come leva per entrare al meglio nel suo mondo e proporre le vostre richieste: il prestigio che vuole raggiungere, l'affermazione del suo valore come persona o professionista e la conferma della sua esperienza.

Per capire bene quanto sia importante la collaborazione, approccio che utilizzo non solo nella attività professionale ma anche nella vita di tutti i giorni, ci viene in aiuto una storiella che spesso nei miei momenti di formazione ricordo a chi vuole negoziare, guidato da un metodo… per buttare giù le montagne! Questa storiella è "il dilemma del prigioniero". L'ho ascoltata la prima volta da una persona molto qualificata nel mondo della formazione. Mi è rimasta impressa nella mente e mi ha fatto capire che nei rapporti, soprattutto se duraturi, è sempre meglio collaborare.

La storiella è questa. Ci sono due uomini rinchiusi in una prigione in celle separate e distanti. Hanno commesso insieme un crimine e il commissario vuole ottenere da loro una confessione per incriminarli, non avendo prove. Per ottenerla, il commissario, propone ad ambedue di affermare che l'altro è colpevole in cambio della libertà immediata.

Le possibili soluzioni a questo dilemma sono quattro. La prima nella quale il prigioniero A dichiara che il colpevole è B, B tace (A esce di prigione e B viene condannato). La seconda B dichiara che il colpevole è A, A tace (B esce di prigione e A viene condannato). La terza in cui A e B tacciono ed escono ambedue di prigione. La quarta in cui A e B si incolpano a vicenda e vanno ambedue in prigione.

La cosa interessante di questa storiella è che malgrado il massimo vantaggio lo possano ottenere ambedue tacendo, quindi collaborando, a causa della visione individualista delle persone, l'ipotesi che si verifica di più è quella in cui A e B si accusano a vicenda e vanno ambedue in prigione.

Il prezzo della merce e i mercati

Il prezzo di acquisto, è il valore che dobbiamo corrispondere al fornitore per avere la merce o il servizio che ci necessitano. Questo elemento è essenziale per raggiungere l'obiettivo del guadagno.

Abbiamo compreso come la base della trattativa è certamente la preparazione. In questa fase potremo raccogliere le informazioni per portare la controparte a convincersi a concedere e a venire incontro alle nostre richieste. È importante avere le informazioni, perché la controparte sarà disposta a concedere solo di fronte ad un valido motivo.

Le informazioni classiche che dovremo conoscere, acquistando le carni, saranno la qualità ricercata, il servizio che richiediamo al fornitore e il prezzo. Concentriamoci ora su questa ultima voce. Il prezzo della merce è determinato dall'incontro della domanda e dell'offerta. Secondo il principio della elasticità della domanda rispetto al prezzo, quest'ultimo varierà in aumento all'aumentare della domanda e diminuirà al diminuire della stessa.

Forse non tutti sanno che, nel mondo delle carni il prezzo è definito dallo stesso principio. Ci sono dei mercati, facilmente monitorabili giornalmente o settimanalmente anche attraverso internet, dove è possibile conoscere gli andamenti del prezzo delle merci. Questo elemento è molto importante per il macellaio, il commerciante di carni, il grossista o il grande gruppo distributivo (Supermercati o Ipermercati) in quanto è un buon motivo per richiedere una modifica di prezzo.

Lo sono ad esempio il mercato di Modena per il Suino, Forlì e Milano per il pollame, Mantova per il Bovino. Personalmente, all'inizio della mia attività di compratore, ho incontrato molti fornitori che avevano l'intento di fare una trattativa improvvisata sul prezzo. Molte volte, facendo leva su inesperienza e impreparazione del buyer, il fornitore riesce a portare a casa più del dovuto (e vi assicuro che quando si tratta, non vi guarda in faccia nessuno!).

La mia idea di acquisti si basa sul giusto prezzo. Il mercato detta il prezzo del vivo. Se acquistiamo un prodotto macellato applicando semplici formule possiamo svilupparne lo sviluppo in kg del taglio e il relativo prezzo. Seguendo poi il mercato in aumento e in diminuzione saremo così in grado di arrivare al giusto prezzo.

Questo passaggio è importante per poter essere competitivi e allineati alle quotazioni di vendita della piazza dove vendiamo il prodotto. Avendo più fornitori possiamo con cadenza settimanale o giornaliera (nel tempo sono arrivato a trattare a ogni derrata acquistata!), negoziare il prezzo della merce facendo un'asta con aggiudicazione al miglior offerente.

Questa impostazione non dovrà comunque limitare la vostra richiesta di offerte, promozioni, sconti, merci omaggio finalizzata a raggiungere l'obiettivo di avere un costo di acquisto più basso possibile a parità di qualità e servizio. E... ribassando, ribassando, poter avere in mano un costo di acquisto competitivo che vi consentirà sempre nuovi guadagni, volumi e competitività.

Non conta che voi siate piccoli o grandi a livello di fatturati o volumi movimentati; la vostra abilità di chiedere e trattare nel modo giusto porterà certamente dei risultati.

Il margine

Abbiamo parlato del guadagno. Il corretto valore che ci interessa è il margine finito, cioè quello che alla fine ci si mette in tasca. L'imprenditore ad esempio conoscendo i costi, i ricavi e le rimanenze generati dalla propria azienda; saprà quale è il suo margine finito. Saprà inoltre ricavare il costo del singolo prodotto che vende.

Per quanto invece è di nostro interesse, il valore che può essere parametro ideale per verificare i nostri acquisti è il calcolo del margine commerciale. Questa è una tecnica di calcolo atta a rilevare la profittabilità di un prodotto. È largamente utilizzata nelle aziende della grande distribuzione organizzata. In queste aziende, per chi non lo sapesse, il settore commerciale è diviso in categorie (ad esempio Categoria Carni, Ortofrutta, Surgelati, Scatolame...) a cui corrisponde un category manager e un buyer (figure spesso confuse in una sola).

L'insieme del margine di tutti i prodotti che fanno parte di una categoria ne creano il margine della categoria. L'insieme dei margini di ogni categoria determinano il margine commerciale dell'azienda.

Il margine commerciale, si calcola in percentuale ed è uguale alla differenza tra il prezzo di vendita del prodotto al netto dell'IVA, meno il costo di acquisto; il tutto diviso il prezzo di vendita per cento:

= [(Prezzo di Vendita al netto dell'IVA – Costo Acquisto) / Prezzo di vendita)] x 100

Facciamo un esempio numerico per calcolare il margine commerciale su un prodotto:

Prezzo di vendita ivato kg 1 di Pollo intero sfuso   € 3,69 al kg.

Costo di acquisto kg 1 di Pollo intero sfuso   € 1,90 al kg.

IVA 10%

€ 3,69:1,1= € 3,35 Prezzo di vendita netto Iva

[(€ 3,35 – € 1,90) / € 3,69] x 100 = 39,41% Margine commerciale

La politica e il piano commerciale

L'azienda costruisce in base ai propri obiettivi la sua politica commerciale cioè quali strategie attuare per aggredire il mercato definendo i modi e i tempi. La politica commerciale viene poi riportata su un piano commerciale che dà attuazione a quanto programmato con l'ausilio di manifestazioni, attività di marketing, pubblicità, volantini, campagne radio, affissioni, attività social. Le aziende possono così impostare un obiettivo di margine sin dalla fase di programmazione a livello macro dell'azienda e a livello micro per ogni singola categoria merceologica.

Si potranno avere politiche orientate al basso margine e con basso prezzo, per riuscire ad accaparrarsi quote di consumo maggiori e sviluppare più grandi volumi. Oppure politiche di alto margine e prezzo sostenuto che non puntano ad alti volumi ma puntano ai consumatori che ricercano prodotti ad alto valore aggiunto.

Nelle carni, come al solito, la cosa si fa un poco più complessa. Numerosi prodotti sono tal quale (si vendono per come si comprano), altri sono acquistati interi o sezionati e poi lavorati.

Mentre i primi potranno aver calcolato il margine con la formula sopra riportata, i secondi seguiranno quella seguente:

[(Prezzo di vendita netto IVA di tutti i tagli componenti – Costo di acquisto del taglio intero o sezionato) / Prezzo di vendita di tutti i tagli componenti] x 100. Rimando all'esempio presente nella parte relativa alle lavorazioni, trattata in questo libro.

Il contratto di fornitura

Il contratto di fornitura di beni o servizi vincola due o più parti ed è riportato su un formulario nel quale vengono regolati i rapporti. Il mio suggerimento è quello di adottare un formulario standard che però deve avere come base i seguenti elementi:

- Luogo, data, periodo di validità in cui produce i propri effetti
- Ragione sociale dell'acquirente e del venditore, corredata dai relativi indirizzi, numeri di telefono, email, email pec, referenti
- Fatturati dell'anno in corso e dell'anno precedente con i relativi scostamenti
- Listino prezzi applicato ed eventuali nuove decorrenze

- Gli sconti o abbuoni riconosciuti in fattura (che decurtano il prezzo della merce): commerciali, fine anno anticipati in fattura, centralizzazione, rifatturazione.

- Gli sconti promozionali da applicare come attività in un determinato periodo di tempo, in cui il fornitore si impegna a riconoscere uno sconto su tutto o parte dell'assortimento.

- Gli sconti logistici legati alle ottimizzazioni della catena di distribuzione delle merci.

- Le condizioni di pagamento per il saldo delle forniture. Le stesse potranno essere a vista fattura, 15 gg., 30 gg., 45 gg., 60 gg., 90 gg., 120 gg., 150 gg., 180 gg… in base alla tipologia del prodotto, ai limiti imposti dalla legge (come ad esempio per le carni), alla contrattazione.

- Sconti fuori fattura differiti, che con periodicità mensile, trimestrale, semestrale potranno essere riconosciuti con la fattispecie di sconti e abbuoni commerciali da liquidare a fronte di note di debito, fatture, note di credito o merce omaggio.

- I target che sono delle poste premio che il fornitore si impegna a riconoscere in valore percentuale o cifra fissa, al raggiungimento di un dato obiettivo di valore e di volume a una data specificata.

- Compensi promozionali o di marketing da riconoscere da parte del fornitore per attività di collaborazione instaurate ad esempio: Anniversario, Foto volantino, Carta fedeltà, Compensi pubblicitari, Compensi per servizi, Controllo qualità, Esposizioni preferenziali, manifestazioni.
- Inserimento di prodotti in assortimento, contributi per nuove aperture, contributi logistici.
- Inoltre sconti abbuoni commerciali da riconoscere con merce omaggio.

Ogni singola di queste voci, ha il singolo obiettivo di poter diventare una voce giustificativa della contrattazione con il fornitore al fine di portare un beneficio al rapporto instaurato. Consentono di abbattere il costo di acquisto del prodotto ed a creare delle poste di guadagno, coinvolgendo il fornitore in attività di co-marketing nella condivisione degli obiettivi.

Facciamo un esempio di contratto di fornitura:

Luogo e Data... -... -... Accordo valido dall'1/1/... al 31/12/...

Soc. Acquirente Soc. Venditrice

Via Via

Città	Città
Cap	Cap
Tel	Tel
Email	Email
Email Pec	Email Pec
Referente	Referente
Fatturato Anno in terminato €	Fatturato Anno precedente €

Scostamento %

Listino prezzi per l'anno in corso con decorrenza alla data… -…

Nuovo listino   dalla data

Sconti in fattura

Commerciali %

Periodi promozionali

Sc. del… % su tutto il listino dal… al…

Sc. del… % art. x,y,z   dal… al…

Sconti logistici in fattura

Sc. del… %   dal… al…

Pagamento 30/60/90/120/150/180 gg. DF FM liquidazione…

Sconti abbuoni commerciali differiti

Fine anno… % liquidazione con… al…

Target

Il fornitore riconosce la % di sconto sull'intero fatturato sviluppato al raggiungimento dei seguenti steps:

Sc. del … % con fatturato pari a €… o kg… nel periodo dal… al…

Sc. del … % con fatturato pari a €… o kg… nel periodo dal… al…

Sc. del … % con fatturato pari a €… o kg… nel periodo dal… al…

Compensi promozionali e marketing da liquidare alla data del… con nota di credito, nota di debito, fattura promozionale

Marketing € …, Anniversario € …, Foto Depliant € …, Carta fidelity € …, Compensi pubblicitari € …, Compensi per servizi € …, Controllo qualità € …, Esposizione preferenziale € …, Manifestazoni € …, Listing fee di inserimento prodotti € …, Nuove aperture € …, Logistica € …

Sconti e abbuoni commerciali con merce omaggio

Firma acquirente   Firma fornitore

Spunti di contrattazione

Il contratto commerciale di fornitura, dal mio punto di vista necessita sempre una forma scritta perché possa essere opponibile ai terzi in caso di contestazione di mancato rispetto degli accordi presi. "L'accordo scritto ha forza di legge tra le parti se ha una data un oggetto e una forma, oltre alla firma dei due contraenti".

È ideale avere un allegato al contratto con le condizioni generali, predisposto da un esperto avvocato o dal commercialista aziendale che contenga le clausole generali e tutte quelle che ritenete più idonee a normare i rapporti con il fornitore.

Assicuratevi di riportare correttamente tutti i dati delle persone contraenti. Accertatevi che il referente del fornitore abbia delega alla firma per potersi prendere carico delle obbligazioni assunte. Formalizzate l'accordo una volta sottoscritto inviandolo a mezzo posta elettronica certificata all'indirizzo della sede del fornitore.

Inserite i dati dei fatturati dell'anno ultimo terminato e del precedente. Se il fatturato sarà cresciuto potete avanzare ulteriori richieste (anche considerando l'incidenza di sconti e contributi). Se il fatturato da un anno all'altro, sarà diminuito, collaborate con il fornitore per trovare delle soluzioni che non vi facciano perdere i benefici di quanto ottenuto in precedenza. Se vi può essere di aiuto, controllate l'andamento del fatturato dell'anno in corso, che se in crescita, potrà essere una valida giustificazione.

Verificate l'andamento dei mercati per i quali state facendo la trattativa. Se le materie prime sono in calo fatevi ridurre il listino o richiedete ulteriori sconti. Caso contrario sarà il fornitore a richiedervi un adeguamento… ma… non cadete nella trappola. Assecondate la richiesta solo dopo lunga trattativa e solo proporzionalmente al reale aumento e alla reale incidenza della materia prima sul costo industriale del prodotto. Per questo è importante che approfondiate la composizione della "scheda costi" del prodotto del fornitore. Inoltre procrastinate nel tempo, in più step gli incrementi di listino al fine di subirne il peso in modo dilazionato. Al contrario, se si tratta di una riduzione, applicate i ribassi sin da subito.

Portate il fornitore a concedere degli sconti in fattura per abbattere il costo di listino e rendere quindi il prezzo del prodotto competitivo sul mercato. Cercate di ottenere un numero elevato di periodi promozionali in acquisto con sconti consistenti (20%-25%-30%...), in modo da poter proporre il prodotto a prezzi scontati al cliente o aumentare i vostri margini di guadagno.

Qualora il vostro prodotto fosse a peso fisso utilizzate lo sconto per tutto il periodo dell'acquisto, coprendovi anche per il periodo del tempo di pagamento (ciò anche in funzione delle disponibilità liquide e della deperibilità) e riversando lo sconto al pubblico in base ai vostri obiettivi di margine e fatturato (esempio: richiedete uno sconto del 33%, e riversate il 25% incamerando l'8%). Per i prodotti a peso variabile richiedete sconti in acquisto per periodi più lunghi rispetto al periodo di prezzatura promozionale (avrete modo così di incamerare margine prima e dopo la promozione).

Studiate prima di inizio anno insieme al fornitore, un piano promozionale che copra tutti i periodi dell'anno e rivedetelo trimestralmente in base agli andamenti. Considerate le festività, le stagionalità, i picchi di domanda, gli sconti, le manifestazioni (Anniversario, Promozioni, Feste, Eventi, Natale, Pasqua). Fatelo con ogni fornitore, prevedendo vendite e guadagni.

Richiedete in fattura degli sconti se vi sostituite al fornitore in attività logistiche a lui deputate: trasporto, magazzinaggio, imballaggio prodotti.

Dilazionate il più possibile il tempo di pagamento. Ciò al fine di consentire alla vostra azienda di acquistare il prodotto, rivenderlo e guadagnare, prima di aver pagato la fornitura. Utilizzate sempre nel pagamento il fine mese con fattura riepilogativa mensile al fine di avere un pagamento unico, meno movimenti contabili, maggiore dilazione.

Inserite nell'accordo delle poste a target. Invogliate il fornitore a raggiungere un obiettivo di fatturato o di volume. Poi lavorate con lo stesso fornitore sulle attività promozionali per raggiungere l'obiettivo prefissato.

Coinvolgete il fornitore nelle vostre attività. Collaborate con lui facendolo partecipare alle spese di attività di co-marketing, di partecipazione ai volantini, alle manifestazioni con carta fedeltà, esposizione preferenziale dei suoi prodotti, manifestazioni come la festa della carne, la festa del suino, la festa del pollo, la festa del tacchino, la festa del barbecue. Fatelo contribuire all'inserimento e lancio di nuovi prodotti come alle aperture delle vostre nuove filiali.

Fate infine partecipare il fornitore con merce omaggio per mancate o ritardate consegne o distruzione prodotto o problemi di qualità, prodotti non vendibili o etichettati in modo sbagliato.

Chiedete! Chiedete! Chiedete e ancora chiedete! E vedrete che vi sarà dato. Ricordate che il venditore ha sempre a disposizione un budget da investire sul cliente. Se non chiedete se lo porterà a casa lui al vostro posto. Quindi abbiate sempre una motivazione e preparatevi bene all'incontro per la stesura o per il rinnovo del contratto. Sarete dei vincenti!

Esempi di contrattazione

Qualora non abbiate ancora ben compreso la grande opportunità che vi si pone di fronte con la contrattazione e la definizione dell'accordo di fornitura, ve lo spiego con dei banali esempi numerici utilizzando il sistema di calcolo delle centrali di acquisto.

Ipotizziamo di avere un contratto di fornitura con un fornitore con il quale abbiamo un fatturato di acquisto di € 1.000.000,00 e di volerlo rinnovare.

Nella maggior parte dei casi, è il fornitore che arditamente sarà riuscito a convincervi che è lui a farvi un favore nel fornirvi la merce e quindi avrà utilizzato un suo formulario per fornire le merci. Ciò vi porta, nella migliore delle ipotesi, a fare un ordine telefonico o via mail o con il suo sistema, ricevere la bolla di consegna e pagare la fattura ricevuta senza sconti e alle sue condizioni. Risultato:

Fatturato 2020 € 1.000.000,00 Fatturato 2019 € 870.000,00 +14,94%
Sc. fattura 0% Sc. Fuori fattura 0% Contributi 0 €.
Pagamento a vista fattura settimanale.
Nuovo listino del fornitore +2% dall'1/1/21 al 31/12/21

Oltre a non aver fatto richieste per l'incremento del fatturato, il prossimo anno perderete il 2% di margine per effetto dell'incremento del listino o sarete obbligati ad aumentare il prezzo di vendita delle vostre merci, rischiando di andare fuori mercato.

Con la negoziazione di un contratto stilato da voi utilizzando i suggerimenti sopra riportati, il risultato sarà:

Fatturato 2020 € 1.000.000,00 Fatturato 2019 € 870.000,00 +14,94%

Sc. fattura 1% Sc. fuori fattura 1% Festa della carne 5.000,00 €.

Merce omaggio per distruzioni € 500,00.

Pagamento a 30 gg. data fattura fine mese con bonifico bancario, a fronte di fattura riepilogativa mensile

Nuovo listino del fornitore +2% dall'1/6/21 al 31/12/21

Conteggio:	100
Nuovo listino dall' 1/6 (2% annuo/2)	1% +
Sc. in fattura	1% -
Sc. fuori fattura	1% -
Contributi € 5.500/1.000.000,00	0,55% -

98,44%

Cosa vuol dire questo? Che con il vostro contratto siete riusciti a migliorare la vostra capacità di approvvigionamento. Non solo avete sterilizzato l'aumento del listino, ma siete stati capaci di incrementare i guadagni prospettici a fine anno, a parità di fatturato dell'1,56% rispetto all'anno precedente: €.15.600,00.

Potrebbe sembrare una piccola percentuale, ma se è vero che il nostro principio legato alle carni è che ogni grammo di macinato ha un valore, tanti miglioramenti su più contratti di fornitura ci portano certamente a un guadagno.

Se poi pensate alle grandi centrali che hanno volumi enormi di fatturato, certamente darete un grande valore a queste percentuali che alla fine dell'anno, per questi colossi possono valere milioni di euro. Per questo esistono a livello nazionale e internazionale delle centrali di negoziazione di acquisto dei prodotti, definite veri e propri contrattifici che costano molto ma rendono certamente molto di più!

Avrete notato poi, che dall'esempio fatto c'è un altro miglioramento, quello del pagamento. Con la fattura riepilogativa mensile avete risparmiato tempo nel controllo della riconciliazione bolla fattura alla vostra amministrazione, interna o esterna che sia. Inoltre vendendo nelle carni un prodotto altamente deperibile, avrete già venduto da tempo il prodotto, con i soldi nel cassetto, prima di averlo pagato.

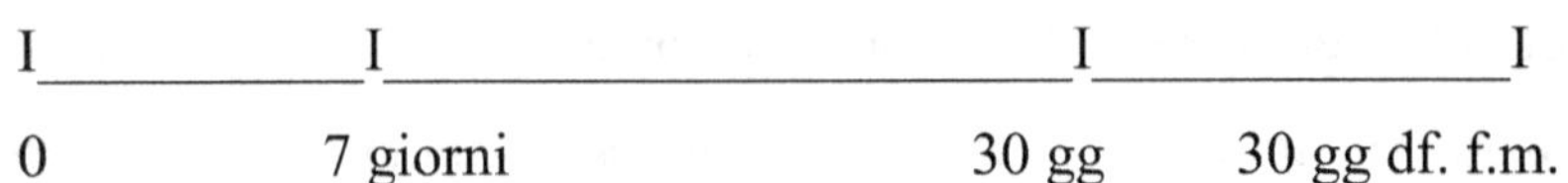

Abbiamo inserito nel contratto, per fare un esempio banale, solo alcune delle voci negoziabili. Immaginate cosa può succedere, a livello del miglioramento contrattuale e di guadagno, se vi mettete a battere ogni singola voce del contratto con le giuste argomentazioni! Ad esempio: Partecipazione a ogni foto volantino € 500,00, Controllo qualità 1%, Esposizione preferenziale € 4.000,00, Listing fee inserimento nuovi prodotti € 2.500,00 cadauno, Contributo Apertura nuove filiali di vendita € 2.500,00… vado avanti?

RIEPILOGO DEL CAPITOLO 3:

- SEGRETO n. 1: È necessario creare un manuale interno di qualità dei prodotti al quale attenersi e nel quale catalogare le caratteristiche dei prodotti che saranno inserite in ogni ordine al fornitore.

- SEGRETO n. 2: Il cliente è il nostro vero patrimonio! È lui che con il suo acquisto ci ripaga di tante fatiche e monetizza la catena del valore delle carni, a cui tutti gli attori della filiera concorrono, per far sì che il prodotto finale sia della qualità desiderata.

- SEGRETO n. 3: Il fornitore che consegna un prodotto non conforme è tenuto a partecipare al danno arrecato con l'intero valore o il mancato margine della consegna inevasa; è ideale avere almeno tre fornitori della stessa tipologia di prodotto trattato.

- SEGRETO n. 4: Per essere bravi compratori bisogna essere molto preparati. Presentiamoci bene all'incontro: "Non avrai mai una seconda occasione per fare una prima buona impressione!".

- SEGRETO n. 5: Con il metodo negoziale collaborativo "Io vinco tu vinci", basato sulla apertura, sull'accoglimento della controparte, l'analisi del problema, si raggiunge una soluzione che porta a vantaggi reciproci.

- SEGRETO n. 6: Ci sono dei mercati, facilmente monitorabili giornalmente o settimanalmente attraverso siti internet, dove è possibile conoscere gli andamenti del prezzo delle carni; seguendo il prezzo dei mercati avremo una accettabile motivazione per convincere la controparte a negoziare il prezzo e avendo più fornitori, faremo un'asta al momento dell'ordine.

- SEGRETO n. 7: Il contratto di fornitura ci consente di mettere nero su bianco gli accordi presi con il fornitore e farli valere in caso di contestazione; negozieremo ogni voce del contratto, ottenendo ulteriori guadagni alla vendita del prodotto, che ci ritroveremo in bilancio alla fine dell'anno.

Capitolo 4:
Come guadagnare lavorando

Molto bene. Ora immaginiamo di esserci tutelati con un contratto di fornitura per la qualità che abbiamo individuato, fatto con i dovuti crismi e aver programmato cosa vendere e con quali promozioni. Dobbiamo mettere le carni in vendita. Le carni da vendere potranno essere tali e quali come le abbiamo acquistate, se già lavorate, preparate, confezionate ed etichettate dal fornitore. Oppure potranno essere tagli interi o sezioni di animali che dovranno essere sottoposti a lavorazione.

Le categorie delle carni le abbiamo già identificate all'inizio di questo libro. Tali categorie le utilizzeremo come falsariga per meglio comprendere la lavorazione.

Pollo, tacchino, coniglio, faraona, anatra, gallina, piccione, quaglia

Del pollo possiamo iniziare a parlare identificando inizialmente la tipologia che è più ricercata nella zona in cui operiamo la vendita. In alcune zone è preferito il pollo di colore bianco, in altre il pollo di colore giallo, in altre il ruspante.

Senza addentrarci troppo nella metodologia di taglio e sezionamento che merita sicuramente un libro a parte, cerchiamo di capire quali e quante lavorazioni possiamo immaginare per queste categorie di prodotti. Utilizzeremo una classificazione in base alle tipologie di lavorazione per meglio identificare le varie fasi, successivamente analizzeremo l'aspetto che più ci sta a cuore, il guadagno.

Il pollo intero, tal quale come esce dalla macellazione sia con testa e zampe, sia lavorato a busto, sarà la prima lavorazione. Lo stesso pollo sezionato nelle sue varie parti sarà la seconda lavorazione: ali, cosciotto, coscia americana, fuselli, sovra cosce, petto, fegati e durelli.

Sottoponendo queste parti a una ulteriore lavorazione di spezzatura o affettatura avremo la terza lavorazione: coscia spezzata, petto di pollo intero o a fette, spezzato di pollo.

I prodotti interi, sezionati, spezzati o affettati potranno essere conditi per la creazione di preparati a base di carne che sarà la quarta lavorazione. Le preparazioni potranno avere come condimenti: sale, pepe, aglio, origano, maggiorana, olio, formaggi... I preparati a base di carne potranno poi essere sottoposti alla cottura; avremo così la quinta lavorazione.

Lo stesso sistema di lavorazione, potrà essere adottato a seconda dei casi, per il tacchino, il coniglio, la faraona, l'anatra, la gallina, il piccione…

Il suino
La lavorazione del suino fresco può essere effettuata in tranci (per la realizzazione di prodotti tipo prosciutto, spalla, pancetta, lombo, collo, testa) da destinare al consumo, oppure per essere poi sottoposti a ulteriori lavorazioni per la stagionatura.

Dal prosciutto si potranno ricavare dei buoni pezzi per l'arrosto o per delle fettine; dalla spalla fettine spezzati, macinati e salsicce; dalla pancetta dei tranci delle fettine; dal lombo il filetto e le bistecche; dal collo, bistecche, spezzati e macinati.

Il bovino

La lavorazione del bovino, sia esso stato ricevuto come intero, mezzena, quarti o quinto quarto (le frattaglie), potrà farci ottenere: i tagli della coscia da cui ricavare fettine, girello, roastbeef, spezzati, macinati; la lombata da cui ricavare le bistecche, il filetto; la spalla da cui ricavare ossi buco, fettine, spezzati, macinati e hamburger; la pancia e il petto da cui ricavare i bolliti, spezzati, macinati e hamburger; la costa del collo da cui ricavare bistecche, spezzati, hamburger e macinati.

L'ovino

A questa categoria appartengono agnelli, agnelloni, capretti, pecore. Questi possono essere lavorati interi oppure a metà (in particolare durante le festività pasquali e natalizie), in tranci (spalla, coscio, costolette), spezzati, hamburger.

L'equino

Lavorato tipicamente in spezzato, bollito, fettine, bistecche, macinato.

Lavorazione e rese

Questo è il vero mondo del macellaio, dove egli può esprimere tutte le proprie capacità tecniche e creative. Avendo visitato molti stabilimenti di produzione in Italia e all'estero, ho avuto modo di vedere come le lavorazioni non sono standardizzate. In base a usi e consuetudini culinarie, le lavorazioni delle carni possono avere diversi metodi e quindi diversi risultati di prodotto finito.

Non si può dire quindi quale sia il migliore, in quanto per ogni zona e ogni tipo di clientela, esiste una migliore lavorazione. Ad esempio mi è capitato di visitare laboratori che avevano come obiettivo la vendita a basso prezzo; questi, lavoravano unicamente tagli di carne a costo più basso; mi è anche capitato di visitarne altri con il solo obiettivo della creazione di valore aggiunto nel prodotto sia sfruttando la qualità che la lavorazione. Altri stabilimenti effettuavano solamente la realizzazione di preparazioni a base di carne.

È facile comprendere quindi che ogni sistema di lavorazione, programmato in base al risultato finale da ottenere, può essere considerato appropriato. In tutti i casi sopracitati la capacità di lavorare, disossare e ottimizzare che sono abilità fondamentali del macellaio, rappresentano l'elemento che fa la differenza.

Ho avuto la fortuna di incontrare veramente macellai così, di mestiere, con la filosofia della persona onesta, esperto, votato al lavoro, instancabile, sempre entusiasta, innovativo, organizzatore, pronto a ogni sfida. È stato un vero onore lavorarci insieme.

Il disosso

Una delle cose che ho imparato sul campo da queste persone è sicuramente la abilità di effettuare il disosso. Questa pratica non è altro che l'abile sistema con cui le carni vengono distaccate dalle ossa dell'animale; è da considerare una vera e propria arte. L'operatività per ottenere dei tagli di carni idonei alla lavorazione è tutt'altro che semplice.

Proviamo a immaginare il disosso della pera del bovino adulto macellata raffreddata e pronta per la lavorazione (anche se a disosso vengono sottoposte anche altre parti del bovino).

Inizialmente la carcassa dell'animale viene divisa in due parti: la mezzena (cioè la metà dell'animale). Questa viene divisa dalla quinta o della ottava costola (in base alle esigenze) separando quindi la parte anteriore da quella posteriore. Il posteriore a sua volta viene diviso in: lombata, pancia con petto e coscia (detta anche in gergo, appunto, pera). La dicitura dei pezzi di carne dei tagli della coscia, è molteplice e cambia da zona a zona; ci limiteremo a utilizzare per comodità quelli di maggiore utilizzo da parte dell'industria.

Dalla coscia, si ricavano le fettine, i roastbeef, il girello, gli spezzati, i macinati e gli hamburger. Ma come? Prima con il disosso per creare i tagli da destinare alla lavorazione. Poi i tagli sono ulteriormente lavorati per realizzare il prodotto finito destinato al cliente.

Ho visto con i miei occhi disossare la coscia del bovino adulto nei più svariati modi: appesa per il girello, agganciata all'osso dell'anca o direttamente in piano sul tavolo della lavorazione.

Fatto sta che ogni macellaio in tutti i casi sopracitati si può considerare un vero artista!!! Lo ho visto fare il disosso, nel tempo di un'ora, come in dieci minuti. Ho visto prendere il velo del taglio con il coltello da disosso in modo così preciso, che i pezzi ricavati potevano essere utilizzati per un servizio fotografico. Certo, bisogna saperlo fare. Impararlo. E poi bisogna faticare.

Quando però sapete disossare, avrete una esperienza in più da giocarvi nel mondo del lavoro! Non tutti lo sanno fare. Non tutti lo sanno fare bene.

L'abilità sta nel disossare nei tempi più brevi, tenendo i tagli da destinare alla produzione di fettine, spezzati, macinati, hamburger, lasciando meno carne possibile attaccata all'osso, al fine di ottenere il massimo risultato in carne.

La resa

La resa è un rapporto espresso in percentuale con cui valutare quanta carne produce un determinato capo o pezzo. Ci sono utili diversi calcoli di resa.

Resa alla macellazione, che si calcola:

(Peso morto/Peso vivo) x 100.

Esempio: Peso morto   kg 420,00

               Peso Vivo   kg 650,00

               (Kg 420,00/kg 650,00) x 100 = 64,61%

La resa in carne, ci indica la quantità di carne ottenuta da un capo lavorato. Questa è data da:

[(Peso Mezzena – Ossa Grasso e Sfrido) / Peso Mezzena] x 100

Esempio: Mezzena di Bovino Adulto   kg 191,28

               Ossa Grasso e sfrido   kg 35,50

               [(191,28 – 35,50)/191,28]x100 = 81,44%

La resa allo spolpo ci indica il peso dei singoli tagli destinati alla lavorazione provenienti dalla mezzena. Possiamo anche valorizzare i singoli tagli per capire quale guadagno possiamo ottenere da un capo dopo la lavorazione.

Taglio	Kg	€/Kg	Val. vendita
Filetto Bovino Adulto	4,10	24,85	101,88
Scamone Bovino Adulto	3,60	14,20	51,12
Fettine per griglia B.A.	1,60	14,45	23,12
Fesa Bovino Adulto	10,70	13,25	141,78
Noce Bovino Adulto	7,59	13,25	100,56
Girello di Bovino Adulto	4,40	16,94	74,53
Sotto Fesa Bovino Adulto	8,16	13,51	110,24
Spalla Bovino Adulto	12,53	11,39	142,72
Bistecca con osso B.A.	2,65	12,50	33,125
Bistecca senza osso B.A.	10,00	16,55	165,50
Bistecca di costa B.A.	4,65	13,99	65,05
Bistecca di collo B.A.	5,55	11,48	63,71
Spezzato di B.A.	20,60	7,60	156,56
Macinato Scelto di B.A.	11,50	6,85	78,77
Macinato di B.A.	4,65	6,20	28,83
Bollito Bovino Adulto	14,50	5,69	82,50
Biancostato Bovino Adulto	14,49	5,59	80,99

Pancetta senza osso B.A.	14,23	7,24	103,02
Ossa-Grasso-Sfrido	35,44	0	0
	191,00		1.604,00

Certamente la resa che più ci interessa è la resa a valore. Questa resa è utilizzabile in via previsionale, per prevedere quanto un capo ci renderà, ma ancora di più ci sarà utile per capire il reale risultato ottenuto dopo la vendita.

Nell'esempio appena citato, il totale del peso della mezzena è 191 kg e il totale del valore atteso dalla lavorazione è pari a €. 1.604.

Possiamo calcolare il prezzo di vendita medio €/kg della mezzena con questo semplice calcolo:

Valore alla vendita = € 1.604/191 kg. = €/kg 8,40

Peso Mezzena   kg 191

Se ipotizziamo un costo di acquisto di € 4,50 al kg per la mezzena potremo avere come costo totale.

€ 4,50 x Kg 191 = €. 859

Il nostro margine di resa sarà pari a:

€ 1.604 /1.1 (Scorporo dell'Iva) = € 1.458

€ 1.458 – € 859 = € 599 Margine a valore

Che rappresenta il guadagno in valore, ottenuto dal capo lavorato.

[(€ 599/€ 1.604)]x100= 37,33%

Sarà il nostro margine a valore di resa in percentuale.

Questo valore è molto importante in quanto con esso ci rendiamo conto del risultato economico della lavorazione. In particolar modo ci è utile in fase preventiva prima di ordinare la merce.

Personalmente ho adottato un metodo per capire già al momento dell'ordine quanto si può prevedere di guadagnare con la vendita di quanto ordinato. Con un semplice foglio di calcolo possiamo rappresentare al momento dell'ordine, per singolo articolo, il guadagno previsto, sapendo il prezzo di vendita medio €/kg atteso, il costo medio €/kg previsto e le quantità da ordinare.

| | MERCATO | FORNITORE | | | | INCASSO | |
DESCRIZIONE ARTICOLO	MACELLO VIVO €/KG.	COSTO MEDIO €/KG.	VENDITA MEDIA €/KG.	MARGINE IN %	PESO IN KG.	PREVISTO €.	MARGINE €.
MEZZENA DI BOVINO ADULTO CLASSE U/2	2,12	4,50	8,40	37,33%	191	1.604,00	599,00

Ci è in oltre utile per determinare il corretto prezzo a cui vendere i tagli che compongono il capo lavorato.

Dalla tabella sopra riportata, è facile comprendere che il guadagno si ottiene quando si acquista e si realizza nel momento in cui si vende. È necessario, per ottenere il risultato rispettare la prezzatura dei prodotti il più possibile.

Questo per dire che vendere il prodotto a un prezzo ribassato ridurrà i nostri margini di guadagno. Al contrario si guadagna ancor di più con una migliore lavorazione o prestando un migliore servizio al cliente che ci consenta di incrementare il nostro prezzo di vendita medio. Un esempio su tutti sono le preparazioni a base di carne e la cottura.

Incrementare i guadagni con le lavorazioni
È chiaro che il modo migliore per poter avere buoni ricavi dalla lavorazione delle carni consiste nel riuscire a vendere al giusto prezzo tutta la quantità di merce a disposizione. Aggiungerei "senza sprecare niente"!

Possono capitare momenti in cui per un motivo o per l'altro (andamento dei mercati, calo della domanda, maggiori offerte da parte della concorrenza, ecc…) non si riesca a portare a casa il guadagno prefissato. È proprio in quei momenti che la mente si ingegna. È necessario avere un approccio fantasioso, flessibile e predisposto al cambiamento.

Possiamo ricercare qualità di carni non ancora trattate, migliorare le lavorazioni, ottimizzare gli acquisti, aggredire nuove fasce di clientela. Certamente nel mondo delle carni la cosa che ci viene più spontaneo di fare è quella del miglioramento del sistema di lavorazione e produzione.

È possibile, infatti, partendo dallo stesso prodotto iniziale, avere dei guadagni maggiori incrementando le lavorazioni utilizzando le tecniche dell'affettatura, del sezionamento, della spezzatura, della preparazione pronta da cuocere e della cottura. Il tutto senza prescindere dallo standard di qualità che deve essere sempre massimo. Mi riferisco alla freschezza, alla provenienza, alla conservazione, ingredienti e metodi di cottura. Facciamo alcuni esempi numerici per capire meglio di cosa stiamo parlando. Analizziamo in questo caso il pollo intero a busto.

LAVORAZIONE POLLO INTERO			COSTO TOTALE	PREZZO DI VENDITA	VENDITA TOTALE
ARTICOLO AL KG.	PESO	COSTO ACQUISTO	COSTO TOTALE	PREZZO DI VENDITA	VENDITA TOTALE
POLLO INTERO A BUSTO	1,90	1,75 €	3,33 €	3,29 €	6,25 €
MARGINE	((3,29/1,1)-1,75)/3,29		37,72%		
MARGINE A VALORE AL KG.	((3,29/1,1)-1,75)		1,24 €		
MARGINE TOTALE VENDITA	((6,25/1,1)-3,33)		2,35 €		

LAVORAZIONE POLLO SEZIONATO			COSTO TOTALE	PREZZO DI VENDITA	VENDITA TOTALE
ARTICOLO AL KG.	PESO	COSTO ACQUISTO	COSTO TOTALE	PREZZO DI VENDITA	VENDITA TOTALE
POLLO INTERO A BUSTO	1,90	1,75 €	3,33 €		
PETTO DI POLLO	0,45			8,50 €	3,83 €
COSCIOTTO	0,45			4,50 €	2,03 €
SOVRA COSCIA	0,30			6,90 €	2,07 €
FUSO	0,15			5,90 €	0,89 €
SPEZZATO	0,25			5,30 €	1,33 €
SFRIDO	0,30			- €	- €
				5,33 €	10,13 €
MARGINE	((5,33/1,1)-1,75)/5,33		58,08%		
MARGINE A VALORE AL KG.	((5,33/1,1)-1,75)		3,10 €		
MARGINE TOTALE VENDITA	((10,13/1,1)-3,33)		5,88 €		

LAVORAZIONE POLLO SPEZZATO			COSTO TOTALE	PREZZO DI VENDITA	VENDITA TOTALE
ARTICOLO AL KG.	PESO	COSTO ACQUISTO	COSTO TOTALE	PREZZO DI VENDITA	VENDITA TOTALE
POLLO INTERO A BUSTO	1,90	1,75 €	3,33 €		
PETTO DI POLLO	0,45			8,50 €	3,83 €
SPEZZATO	1,25			5,30 €	6,63 €
SFRIDO	0,20			- €	- €
				5,50 €	10,45 €
MARGINE	((5,50/1,1)-1,75)/5,50		59,09%		
MARGINE A VALORE AL KG.	((5,5/1,1)-1,75)		3,25 €		
MARGINE TOTALE VENDITA	((10,45/1,1)-3,33)		6,2 €		

LAVORAZIONE POLLO PREPARATO			COSTO TOTALE	PREZZO DI VENDITA	VENDITA TOTALE
ARTICOLO AL KG.	PESO	COSTO ACQUISTO	COSTO TOTALE	PREZZO DI VENDITA	VENDITA TOTALE
POLLO INTERO A BUSTO	1,90	1,75 €	3,33 €		
COSTO INGREDIENTI		0,40 €			
		2,15 €			
PETTO DI POLLO	0,45			8,50 €	3,83 €
SPEZZATO CONDITO	1,25			8,90 €	11,13 €
SFRIDO	0,20			- €	- €
				7,87 €	14,95 €
MARGINE	((7,87/1,1)-2,15)/7,87		63,59%		
MARGINE A VALORE AL KG.	((7,87/1,1)-2,15)		5,00 €		
MARGINE TOTALE VENDITA	((14,95/1,1)-(3,33+0,40))		9,86 €		

LAVORAZIONE POLLO CUCINATO					
ARTICOLO AL KG.	PESO	COSTO ACQUISTO	COSTO TOTALE	PREZZO DI VENDITA	VENDITA TOTALE
POLLO INTERO A BUSTO	1,90	1,75 €	3,33 €		
COSTO INGREDIENTI AL KG.		0,40 €			
		2,15 €			
CALO PESO 15%		0,32 €			
		2,47 €			
PETTO DI POLLO	0,45			8,50 €	3,83 €
SPEZZATO CONDITO	1,25			11,90 €	14,88 €
SFRIDO	0,20			- €	- €
				9,84 €	18,70 €
MARGINE	((9,84/1,1)-2,47)/9,84		65,81%		
MARGINE A VALORE AL KG.	((9,84/1,1)-2,47		6,48 €		
MARGINE TOTALE VENDITA	((18,70/1,1)-(3,33+(0,40*1,90)+(3,33*15%)		12,41 €		

Modificando la lavorazione dello stesso pollo possiamo quindi incrementare i nostri guadagni. Infatti nella vendita del pollo a busto tale e quale come acquistato, otteniamo un margine al kg di € 1,24; con la vendita del pollo con la lavorazione sezionato otteniamo un margine al kg di € 3,10; con la vendita del pollo effettuando la lavorazione del pollo spezzato al kg € 3,25; con la vendita del pollo preparato condito pronto al consumo al kg € 5,00 e in fine cucinandolo al kg € 6,48. Questo metodo è portato come esempio con il pollo, ma può essere applicato a molte tipologie di tagli di carni.

Un elemento che va però considerato è il tempo da impiegare ed il suo costo. Ovviamente aumentando le lavorazioni avremo un maggiore costo della persona che effettua il lavoro. Nel calcolo, consideriamo anche il costo orario impiegato per effettuare ogni lavorazione e la aggiungiamo al costo. Tale calcolo va calcolato su ogni attività svolta per la lavorazione e può cambiare da azienda ad azienda.

Una attenzione particolare, va riferita a mio avviso, ai prezzi di vendita che la clientela è disposta a pagare e alla vendibilità di tutti i componenti delle lavorazioni (fresche, preparate o cotte che siano). La bravura sarà sempre quella di avere uno spirito di inventiva che ci consenta di ottenere delle pietanze che il consumatore ricercherà perché gustose e nei limiti del possibile, uniche nel loro genere.

Una attenzione particolare va dedicata alla preparazione delle salsicce, delle polpette, dei polpettoni, degli hamburger conditi. Queste preparazioni hanno un immenso valore. Da un punto di vista economico in quanto hanno la capacità di creare grandi guadagni per ogni kg di prodotto venduto, da un punto di vista prettamente legato al marketing invece, perché hanno la capacità di renderci diversi dalla nostra concorrenza… quindi unici. Il cliente se li vorrà, così buoni come li fate solo voi, dovrà ritornare. Oltre al prodotto in questione potrete vendere al cliente anche altri articoli del vostro assortimento.

La durata del prodotto

La shelf life è il periodo di tempo in cui si mantengono le caratteristiche organolettiche dell'alimento. Questa è garantita da determinate condizioni di conservazione, al fine di renderne inalterate la qualità e la sicurezza.

Lo sviluppo microbico sulle carni, in particolare, che è un alimento ricco di acqua, tende ad aumentare in determinate condizioni, come ad esempio con l'incremento delle temperature. Ciò vuol dire che più la temperatura è bassa, maggiore sarà la stabilità nello sviluppo microbico, meglio conservata sarà la carne.

La temperatura tra 0 C° e +4C°, ad esempio, è considerata lo standard di mantenimento del prodotto in condizioni di refrigerazione. Questa temperatura rallenta la crescita dei batteri, lieviti e muffe sull'alimento. A questa temperatura si possono quindi mantenere le carni per 3 o 4 giorni (i pezzi più grandi fino a una settimana mentre le carni macinate fino ad 1 o 2 giorni).

È molto importante, per evitare una riduzione della shelf life e quindi la modifica delle caratteristiche organolettiche e nutrizionali dell'alimento, non esporre le carni a sbalzi frequenti di temperatura interrompendo la catena del freddo. Una alterazione di sapore, odore e freschezza, possono indicare una cattiva ed errata conservazione, ma anche la possibile presenza di batteri patogeni per la salute. E su questo non si scherza!

È fondamentale quindi prendere molto sul serio questo argomento, con una attenzione quasi maniacale, al fine di giungere durante il ciclo commerciale di distribuzione del prodotto, fino al consumatore finale, con le migliori caratteristiche organolettiche e di salubrità.

È vero! È un costo! Obietteranno molti di voi. Ma è un costo necessario. Abituatevi quindi a verificare giornalmente la temperatura di celle frigorifere, banchi vendita, laboratori di lavorazione e mezzi di trasporto. Vista l'importanza dell'argomento shelf life, mi preme ricordare i tempi di conservazione medi delle carni fresche:

Fresco 2/3 giorni

Preincartato 3/4 giorni

Atmosfera protettiva 7/8 giorni

Sotto vuoto dai 25 ai 40 giorni

Skin fino a 3 settimane

Il prodotto fresco in particolare può essere sottoposto a differenti sistemi di conservazione. Perché è importante per noi identificare il corretto metodo di conservazione? Perché possiamo in base alle nostre esigenze migliorare il servizio al cliente (che per chi se lo fosse scordato è sempre il nostro vero, grande patrimonio).

Possiamo quindi scegliere di vendere le carni tal quale così come le ricevete o utilizzare altri metodi che ne allungano la shelf-life. Ancora oggi la tecnica più utilizzata è quella del pre-incarto con vassoi e film stretch, che consente una durabilità di 3/4 giorni circa.

In alternativa potete scegliere di effettuare il confezionamento in atmosfera modificata (termine tecnico ATM). Con questo sistema di confezionamento la miscela di aria contenuta all'interno della confezione ha una composizione differente rispetto alla normalità. In particolare vengono miscelate differentemente le percentuali presenti nell'aria di ossigeno, anidride carbonica e azoto.

Questo tipo di confezionamento preserva la qualità della carne e ne prolunga la durata, fino a 7/10 giorni, concedendo benefici al cliente che la può meglio conservare nel tempo e al venditore che avrà così modo di esporla per più tempo in vendita. In alcuni casi la durata del prodotto si può addirittura raddoppiare. Si generano così anche minori deperimenti del prodotto e quindi minori distruzioni e perdite.

Nel confezionamento in ATM le miscele maggiormente utilizzate sono:
Carni Rosse: 70% ossigeno, 30% anidride carbonica
Carni Bianche con pelle: 0% ossigeno, 30% anidride carbonica, 70% Azoto
Carni Bianche senza pelle: 70% ossigeno, 30% anidride carbonica

I macchinari e le attrezzature

La scelta dei macchinari di lavorazione e delle attrezzature può determinare il vostro successo nel modo delle carni. Il lavoro del disosso, del taglio, della affettatura, della spezzatura, della macinatura, dell'impasto, dell'insaccatura, della cottura, possono essere fatte in modo manuale. In particolare, se si vuole dare un'immagine di tradizione alle lavorazioni della vostra attività.

Oggi però la risorsa scarsa, quella che manca sempre e che tutti noi vorremmo fosse sempre di più è il tempo. Per risparmiare il tempo, ci sono numerose case costruttrici di macchinari che riescono a sostituire a volte anche totalmente il lavoro manuale. È sempre bene avere macchinari e attrezzi per lavorare le carni, nuovi e di alta qualità; che abbiano inoltre performances elevate e che vi facciano realmente risparmiare del tempo.

Inutile avere macchinari che ogni tre giorni si fermano e vi bloccano il lavoro, con conseguenti perdite di tempo e denaro. Vi suggerisco anche di farvi dare in prova almeno un mese i macchinari che intendete acquistare, al fine di valutare l'effettivo vantaggio di risparmio di tempo. Ma attenzione! Non scendete a compromessi con lo standard di qualità che avete identificato per la vostra attività. I macchinari e le attrezzature ci possono sostituire o coadiuvare nel nostro lavoro, ma non devono ridurre la qualità del prodotto finito.

Macchinari possono essere: Affettatrici, Segaossa, Tritacarni, Insaccatrici, Impastatrici, Spiedinatrici, Macchine per sotto vuoto, Macchine per il confezionamento Atm…

Indifferentemente dal tipo di macchinario, assicuratevi di avere un'assistenza periodica a un costo sopportabile e una tariffa scontata per gli interventi urgenti. Accertatevi che chi effettua l'intervento vi garantisca un servizio veloce e risolutivo. Mettete le condizioni nero su bianco con un contratto per essere sempre tutelati e se le cose non andassero bene prevedete una disdetta in tempi veloci. Se del caso, sostituite il macchinario inefficiente con uno più performante e al passo con i tempi.

Il layout di lavorazione

Un elemento essenziale per poter risparmiare del tempo è la progettazione del reparto di lavorazione. Ricordiamoci che esistono delle regole da seguire nelle lavorazioni dettate dalla separazione delle tipologie di carni da lavorare. Il principio su cui basarsi è quello di progettare il laboratorio lavorazioni utilizzando un unico senso (dall'ingresso verso l'uscita delle merci), tutto dritto e senza incroci.

Il che vuol dire che le carni saranno stoccate in cella e una volta entrate in lavorazione saranno destinate al proprio tavolo di lavorazione per poi essere destinate al confezionamento o al banco o alla cottura. La zona di lavorazione delle carni avicole separata dalle carni bovine, suini e ovine. La zona dei preparati separata da quella delle carni fresche. La zona cottura, separata da tutto il resto.

All'interno della zona lavorazione faremo in modo che il prodotto venga scaricato vicino alle celle frigorifere (anche per sostenere minori perdite di tempo) e che compia meno tragitto possibile fino alla lavorazione, al confezionamento, alla prezzatura e alla esposizione per la vendita.

In questo vi può essere di aiuto una piantina su carta del laboratorio. Potrete utilizzare delle frecce per identificare i flussi delle merci all'interno del laboratorio per ogni singola tipologia di prodotto.

Simulate il tempo necessario per ogni lavorazione e confrontatelo con le possibili alternative che avete spostando la posizione di tavoli, macchinari e attrezzature.

Otterrete così il risultato di lavorare più efficacemente, senza perdite di tempo, senza rischi, con maggiore soddisfazione e… se il tempo risparmiato è denaro… con maggiori guadagni.

Il manuale operativo di lavorazione

Abbiamo parlato della lavorazione, del disosso, della resa, della affettatura, della spezzatura, della tritatura, dell'insaccatura, delle preparazioni, della cottura, del confezionamento, dei macchinari e di come disegnare un laboratorio di carni. Tutte cose semplici sulla carta ma molto complesse da eseguire in modo standardizzato.

Dobbiamo quindi essere capaci di organizzare il tutto. Il mio suggerimento è quello di creare un manuale operativo di lavorazione a cui l'operatore che lavora le carni potrà fare riferimento al momento di svolgere le attività. Questo è il modo con cui ogni operatore segue un sistema di lavorazione e si coordina con gli altri per produrre le carni.

Il manuale operativo di lavorazione, nel rispetto degli standard della sicurezza alimentare (Manuale dell'HACCP) e delle linee dettate dalla qualità (Capitolato di acquisto), avrà quindi la funzione di mettere in pratica ogni attività operativa da seguire per ottenere ogni singolo prodotto.

Diventerà così la strada da seguire per ottenere i risultati che ci siamo ripromessi di raggiungere in sede di programmazione e organizzazione. Sarà il manuale che verrà utilizzato per controllare che ogni attività sia svolta correttamente e abbia ottenuto il risultato di soddisfare il cliente.

RIEPILOGO DEL CAPITOLO 4:

- SEGRETO n. 1: La lavorazione ideale è quella che soddisfa le esigenze della clientela e il risultato economico aziendale; il disosso è determinante per il raggiungimento del risultato economico della lavorazione.

- SEGRETO n. 2: Con la resa possiamo rappresentare il risultato economico della lavorazione delle carni. L'utilizzo di un semplice foglio di calcolo ci consente di avere sotto controllo il risultato economico in resa della lavorazione delle carni da utilizzare in fase di acquisto, di vendita e di determinazione del prezzo.

- SEGRETO n. 3: Possiamo incrementare i guadagni delle carni effettuando delle lavorazioni a maggiore contenuto di servizio con il sezionamento, le preparazioni a base di carne e la cottura; i piatti pronti e cotti preparati con una vostra ricetta personalizzata, oltre a farvi guadagnare di più, hanno la capacità di rendervi unici e ricercati dalla clientela.

- SEGRETO n. 4: Migliorando la shelf-life del prodotto è possibile incrementare la durata delle carni, aumentare la soddisfazione del cliente e ridurre le distruzioni di prodotto; la conservazione in atmosfera protettiva ci consente di aumentare la durata delle carni.

- SEGRETO n. 5: Il laboratorio di lavorazione necessita di una progettazione che consenta il minimo spostamento dei prodotti dall'ingresso all'uscita, riducendo al minimo i tempi di lavorazione e i rischi di contaminazione. Le procedure di lavorazione vanno inserite in un manuale che tutti gli operatori sono tenuti a rispettare.

Capitolo 5:
Come guadagnare vendendo

La vendita

Dopo aver scelto il prodotto, averlo acquistato e lavorato nella voluta maniera, ci accingiamo quindi a effettuare la vendita. La vendita in senso commerciale è definita come il valore di beni o servizi scambiati tra il venditore e il compratore, in cambio di un corrispettivo (denaro o altro).

È certamente il momento più entusiasmante in quanto è quello che vi mette a diretto contatto con il cliente ed è quello che realizza tutti gli sforzi fatti dalla innumerevole quantità di persone che hanno lavorato perché il prodotto o il servizio, giungesse al consumatore finale: il cliente. Lo ripeterò fino a stancarmi. È lui il nostro vero padrone; è lui che con i suoi acquisti, con i soldi che è disposto a pagare, remunera il nostro lavoro e quello della azienda nella quale lavoriamo. Quindi ciò ci fa capire che il cliente per noi: è prezioso.

Mi resta difficile capire come sia possibile, ancora oggi, vedere il modo con cui alcune commesse dei supermercati trattino i loro clienti. Spesso il cliente non torna ad acquistare in un supermercato solo per il trattamento ironico, strafottente e ignorante della cassiera. Quante volte è capitato anche a me!

Ci sono degli studi che dimostrano che il cliente si sposta da un negozio a un altro perché trattato male alla cassa o al banco servito. Proprio per questo molte aziende si sono focalizzate sulla soddisfazione del cliente in particolare curando tre aspetti della vendita di un prodotto: la qualità, il prezzo e il servizio. Questi tre elementi sono essenziali per la vendita. È dove dobbiamo concentrarci per raggiungere il nostro obiettivo di guadagno.

La programmazione, l'organizzazione e il controllo

È bene poi avere una impostazione di lavoro che preveda: Programmazione, Organizzazione e Controllo delle attività che si stanno portando avanti. Vi suggerisco di avere sempre un piano. Il piano deve essere focalizzato su: cosa vogliamo fare, quando e come. Di organizzare come ogni cosa va fatta. Di controllare che quanto programmato e organizzato, corrisponda a quanto avviene nella realtà. È un semplice metodo. Ma vi assicuro che se applicato correttamente, funziona!

A questo proposito, ricordo sempre il mio professore di Ragioneria, che alla prima lezione esordì in questo modo: "Ragazzi! La programmazione dirada le nebbie!". Beh! E' proprio vero. Credeteci! Come ci ho creduto io! Ci spiegò che il nostro cervello è portato a pensare sempre e che le idee spesso non si trovano nel posto giusto al momento giusto.

Avere tante idee in testa è una cosa, metterle su carta e programmare la vostra attività è tutta un'altra storia. Farlo, vi consente di organizzare ogni passaggio e di metterlo in pratica con il minore margine di errore e con maggiore probabilità di ottenere il vostro obiettivo.

La qualità

La soddisfazione del cliente parte certamente dalla qualità delle carni che gli offrite. Il cliente guarda il prodotto e lo acquista se gli piace! Lo immagina dopo cotto, lo vede come alimento per il nutrimento con gli effetti che può determinare per il proprio fisico.

È importante quindi proporre un prodotto così come egli lo desidera e che soddisfi le sue esigenze. Per fare questo bisogna avere una attenzione molto alta verso: il colore, la marezzatura e la freschezza. Molto importante è che sia bello a vedersi. Se poi possiamo anche dare delle informazioni sul metodo di preparazione e cottura ancora meglio.

Le proporremo in base alle proprietà organolettiche e salutistiche in modo che il cliente ne sia soddisfatto anche come alimento per il nutrimento.

La scelta potrà essere se puntare su una qualità alta, media o bassa. Il mio suggerimento è quello di puntare su un'alta qualità. "La qualità paga sempre". Dice un vecchio adagio. Vi posso dire che per esperienza è così. Vendere al cliente un prodotto non qualitativo non fa certamente ritornare il cliente a comprare.

Il cliente, inoltre, ha l'abitudine di fare il "passa parola". Consiglia cioè ai propri amici, conoscenti e parenti, i prodotti o i locali di vendita e consumo in base alle proprie esperienze. Quando il passa parola è negativo, influenza molte più persone di un passa parola positivo. Quindi, "Non giocate con la qualità", rischiate di scottarvi! E poi, che danno avete fatto alla vostra attività! Ricordate sempre: "Il cliente è come il cerino; lo freghi una volta e poi non lo freghi più!".

Volete invece immaginare un passa parola positivo? I clienti crescono e si moltiplicano. La qualità è quindi la vostra prima pubblicità! Puntate sempre a dare la migliore qualità possibile per il contesto di mercato che ricoprite. Lo potete fare! Il cliente vi ringrazierà e con i maggiori guadagni ottenuti, il maggiore numero di clienti che tornano a comprare da voi, vi ringrazierete!

Selezioniamo quindi, le razze più adatte, delle provenienze migliori, con le forme più idonee alle lavorazioni che vi apprestate a proporre. Se non sappiamo come, ci faremo aiutare da persone esperte!

Possiamo ad esempio suddividere la nostra offerta di vendita delle categorie di carni servite, curando l'assortimento e arricchendolo in base a caratteristiche organolettiche, di allevamento, di razza e di provenienze. Potremo scegliere quindi tra prodotto convenzionale, da agricoltura biologica, da allevamento senza uso di antibiotici, con disciplinare di qualità IGP, con provenienza a km. zero, locale o regionale. Tutte informazioni in più che sicuramente interessano al nostro cliente. Informazioni che vanno ben studiate per essere facilmente spiegate e comprese oltre a essere comunicate con il corretto strumento nel rispetto della legge.

Aggiungo che sulla provenienza in particolare, come citato all'inizio di questo libro, il consumatore è molto attento. Mi limito a ripetere, a maggiore chiarimento, quanto richiesto spesso dalla clientela: "È carne italiana di qualità?" A buon intenditor…

Il prezzo

Il prezzo è il corrispettivo che il compratore è disposto a pagare al venditore per poter avere un bene o un servizio. L'elemento prezzo è importante per poter raggiungere l'obiettivo della vendita e della soddisfazione del cliente. Il prezzo di un bene o di un servizio si formano con l'incontro della domanda e dell'offerta. Chi vuole acquistare è disponibile a pagare fino a un determinato prezzo, chi vuole vendere è disponibile a cedere a un altro prezzo.

Ovviamente quello che condiziona il prezzo, il vincolo, è la disponibilità dell'acquirente a spendere quella determinata cifra e per il venditore la volontà a cedere. È chiaro che se il compratore non ha a disposizione la cifra dovuta, l'operazione non si concluderà.

Il prezzo potrà essere più alto o più basso. In funzione del suo livello, potranno incrementare i volumi (cioè le quantità vendute). All'aumentare del prezzo, le quantità tenderanno invece a diminuire. Al diminuire del prezzo le quantità vendute tenderanno ad aumentare. Nel mondo delle carni, il prezzo è una vera e propria arma a nostra disposizione. Può portarci al risultato come creare tanti problemi.

Immaginiamo di avere un taglio di carne bovina da lavorare e vendere. Il taglio di carne avrà una consistenza e un peso. Dalla lavorazione otterremo diversi prodotti da destinare alla vendita, ad esempio fettine, bistecche, spezzati, macinati. Per poter ottenere la vendita di tutti componenti del taglio originario al netto delle rifilature e degli sfridi, entro la shelf life, dovremo essere in grado di assegnare il giusto prezzo. Ciò ci consentirà di ottenere il giusto e meritato guadagno.

Viene da sé, che qualora decidessimo di abbassare il prezzo di uno dei prodotti della lavorazione, ne comporterà una vendita più veloce a scapito delle altre parti che potrebbero rallentare e andare in deperimento fino a essere scartate. Il prezzo quindi è una leva capace di influenzare il cliente. Avendo l'obiettivo di guadagnare con la vendita, sarà nostra regola quella di definire il giusto prezzo; quello che ci consente di soddisfare il cliente vendendo anche tutti gli altri prodotti provenienti della lavorazione del taglio.

Se è vero che siete bravi, avete fatto i compiti a casa, avete individuato la corretta qualità delle carni da trattare, influenzerete il vostro cliente a comprare il prodotto. Quale è il prezzo più giusto? È necessario avere un corretto posizionamento. Per avere un'idea su come posizionarvi, è fondamentale conoscere il mercato in cui operiamo, quello dove si approvvigionano i nostri clienti; quindi dovrete fare una ricerca tra i vostri concorrenti (che siano essi del quartiere, della città, della regione ove operate).

Cerchiamo di capire cosa offrono, di che qualità dispongono, di quali provenienze, che livello di freschezza utilizzano, come espongono il loro prodotto e... dulcis in fundo, che prezzo applicano ai clienti.

Non vi suggerisco di fare leva sul prezzo per dare una idea di competitività abbassandone il livello. Questo in quanto potrebbe da una parte dare un'idea di bassa qualità del prodotto venduto e dall'altra creare un volano di ribassi su ribassi, che alla fine potrebbe dare fastidio ai vostri concorrenti, ma anche ai vostri guadagni.

Meglio essere diversi, offrendo provenienza e lavorazioni differenti che vi contraddistinguono ed elevano il vostro valore aggiunto. Abbiamo accennato all'importanza dei volumi di vendita. Accrescere i volumi vuol dire servire più clienti ma anche ammortizzare i costi e generare delle economie di scala che consentono di avere una maggiore produttività. Modificando il prezzo di un prodotto possiamo avere un effetto leva sui volumi.

L'incremento dei volumi incide quindi sui vostri guadagni. Ciò non solo per quanto abbiamo appena detto ma anche in termini numerici. Facciamo un piccolo esempio:

Intendiamo vendere della carne di Suino

kg 1 al prezzo al kg di € 10,00. Venduto € 10,00. Margine € 2,00
Riduciamo il prezzo del 10% ad € 9,00.
Risultato:
kg venduti 3 Prezzo kg € 9,00. Venduto € 27,00. Margine € 3,00
È evidente che riducendo il prezzo e aumentando i volumi così come da esempio, il guadagno cresce in valore assoluto.

La scala del prezzo

Non stiamo di certo parlando di un elemento architettonico di un immobile, ma di un elemento basilare del category management. Per chi non lo sapesse, le grandi catene di distribuzione commerciale, suddividono la propria organizzazione vendite in categorie, raggruppamenti, famiglie e articoli. Il che vuol dire che anche nel settore delle carni viene utilizzata una suddivisione per categoria; ad esempio: Bovino, Suino, Ovino, Avicolo, Preparati Pronti e Preparati cotti.

Ogni categoria ha il suo raggruppamento. Ad esempio nel bovino: Bovino adulto, Scottona, Vitello a carne bianca. Nella famiglia del bovino adulto la suddivisione in sotto famiglie: Fettine, Bistecche, Spezzati, Macinati. Nella sotto famiglia delle fettine gli articoli: Scamone, Fesa, Sotto Fesa, Noce, Girello affettato, Spalla…

Le grandi catene si organizzano affidando la gestione della categoria a un responsabile che prende il nome di category manager. La suddivisione in categorie consente al category manager di curare ogni aspetto dell'offerta di vendita. Dalla qualità, al prezzo, al servizio.

Nella scelta del pricing utilizza semplici regole di posizionamento utilizzando appunto la scala prezzo in base a criteri di differenziazione tra un articolo e l'altro e al tipo di clientela a cui è interessato a vendere. Pertanto nell'offerta del prodotto per puntare a un cliente orientato al prezzo punterà al "primo prezzo" (cioè un prezzo più basso che punta a fare leva sulle quantità).

Facciamo un esempio per capire, prendendo il mercato dei preparati pronti e in particolare l'articolo Cotoletta di pollo panata.

Il prodotto primo prezzo sarà posizionato a € 8,90 al kg. Il prodotto con il marchio dell'insegna di vendita € 9,40 al kg. Il prodotto follower (cioè più conveniente del co-leader) ad € 10,30 al kg e il prodotto Co-leader ad € 12,00 al kg. Il prodotto leader ad € 13,00 al kg.

Inoltre per colpire i consumatori più esigenti e disposti a spendere, potranno essere aggiunte delle referenze aventi caratteristiche di qualità riconosciuta come la cotoletta di pollo con carne di pollo proveniente da animali allevati a terra, con lavorazioni che la rendono più tenera, oppure biologici e senza utilizzo di antibiotici ad € 18,00 al kg.

Quindi leggendo la scala del prezzo avremo più in alto il prodotto di qualità superiore Bio/IGP/Extra o salutistico, poi a scendere, il prodotto leader, quindi il co-leader, il follower, il prodotto a marchio e il primo prezzo. Otteniamo così l'obiettivo di segmentare la nostra offerta in base al target di consumatore da colpire. Quest'ultimo troverà così la scelta ideale per soddisfare le proprie esigenze di consumo.

Ovviamente l'assortimento del banco e in particolare il numero delle referenze, lo tareremo in base allo spazio disponibile, alla vendibilità e alla rotazione del prodotto; quest'ultima è intesa come il numero delle volte in cui, nel tempo, la giacenza presente si rinnova.

Indice rotazione: Vendite/Stock medio

Esempio:

Vendite del periodo n.100

Stock medio (Giacenza del periodo/Tempo)= 30/14 gg. = 2,14

Indice di rotazione: 100/2,14 = 46

Stiamo parlando di prodotti freschissimi, di carni. Prodotti che per raggiungere il loro obiettivo del guadagno hanno necessità di ruotare molto.

Avendo la fortuna di avere una elevata rotazione in una determinata famiglia di prodotto, potremo segmentare l'offerta. Invece di vendere un solo prodotto potremo offrire quindi prodotti con maggiore valore aggiunto e a maggiore contenuto di servizio.

Incrementeremo così incassi, guadagni e avremo anche soddisfatto di più la clientela.

È importante ragionare come manager di categoria o almeno conoscere le basi: della gestione, della vendita, della selezione dei prodotti, del marketing mix dei prodotti da offrire, attribuire il giusto prezzo, predisporre il display espositivo, attuare corrette politiche di vendita, programmare e controllare.

Promozioni

Le promozioni! Queste sconosciute! Croce e delizia del commercio! Non sono altro che l'insieme delle attività volte a far conoscere e stimolare la vendita di un prodotto.

Non voglio soffermarmi su teorie o visioni dei guru del marketing che sono molto interessanti a parole, ma spesso di difficile applicazione pratica. Mi limiterò pertanto a proporvi le varie attività che ho messo in campo per raggiungere l'obiettivo di stimolare le vendite.

La promozione nel reparto carni può essere una buona leva per incrementare i volumi e aumentare le presenze dei clienti. Ridurre il prezzo del 10%-15%/20%/25% o 30%, può portate all'incremento dei volumi di vendita di quell'articolo. La promozione è efficace se fa veramente incrementare i volumi in kg nel caso delle carni. Ma come si fa?

In primis la tecnica da adottare è quella del taglio prezzo temporaneo, cioè la riduzione del prezzo; questa spesso ha una efficacia limitata. Migliora la sua efficacia qualora lo sconto sia elevato e stimolante per il cliente (ad esempio uno sconto del 25%); cresce ancora di più, fino a raddoppiare il risultato, utilizzando un volantino. Inoltre se al taglio del prezzo con lo sconto e il volantino, aggiungete anche una corretta esposizione allargando lo spazio espositivo ed evidenziandolo con un cartello potete quadruplicare. Ma così guadagniamo ancora?

Facciamo ancora un esempio pratico per capire:
Caso 1 Vendita senza offerta promozionale
Cotoletta con gli spinaci
Prezzo di Vendita al kg € 10,00

Costo di acquisto al kg € 6,50

Vendite kg 50

Margine ((€ 10,00/1,1) - € 6,50) = € 2,59 al kg x50 kg = **€ 129,5**

Caso 2 Vendita con offerta promozionale Sc.25%

Cotoletta con gli spinaci

Prezzo di Vendita al kg € 7,50

Costo di acquisto al kg € 4,87 (sconto del fornitore 25%)

Vendite kg 100

Margine ((€ 7,50/1,1) - € 4,87) = € 1,94 al kg x100 kg = **€ 194,81**

Caso 3 Vendita con offerta promo Sc.25% +Volantino+Cartello

Cotoletta con gli spinaci

Prezzo di Vendita al kg € 7,50

Costo di acquisto al kg € 4,87

Vendite kg 200

Margine ((€ 7,50/1,1) - € 4,87) = € 1,94 al kg x200 kg = **€ 388,00**

La promozione è efficace se incrementa i volumi, ma anche se non cannibalizza eccessivamente la vendita di altri prodotti della stessa famiglia, che nel periodo della promozione subiranno una riduzione della rotazione. Per questo l'efficacia della promozione va controllata non solo per l'articolo ma anche per il risultato ottenuto nella famiglia.

Ovviamente, nel calcolo del risultato promozionale, andremo a considerare anche il costo delle attività, volantino e cartellonistica espositiva, che a consuntivo dovrà risultare conveniente economicamente, considerando il maggiore sforzo di comunicazione e di lavoro. La promozione è utile per creare maggiore movimento nella attività di vendita, fare provare i prodotti e generare gradimento nella clientela.

La promozione, ho imparato, può essere utile anche per aiutare la vendita di alcuni prodotti che in alcuni periodi dell'anno subiscono effetti negativi legati alla stagionalità. Come non ricordare il fermo dei bolliti nel periodo estivo! Un taglio prezzo, con una bella evidenziazione a banco possono dare certamente una buona mano.

I formati delle confezioni

Il nostro cliente di riferimento, avrà certamente delle esigenze particolari. Dobbiamo imparare a conoscerlo bene se vogliamo raggiungere grandi risultati. Ricordo in questo l'abilità di mia nonna, scrupolosa commerciante di abbigliamento, che riusciva a vendere dei capi di abbigliamento già al momento in cui li ordinava. Conoscendo gusti e tagli degli abiti destinati alla clientela, riusciva a prevedere precisamente quanto avrebbe venduto e quanto guadagnato.

È importante conoscere i gusti dei propri clienti. Anche in quanto alle dimensioni delle confezioni da proporre in vendita. Ciò dipenderà dagli studi diretti fatti sui clienti per la scelta dei migliori formati. Questo ci condiziona anche per la programmazione delle lavorazioni, da cui dovranno scaturire le unità di vendita.

Oltre ai formati standard, si possono offrire delle monoporzioni per i singles o per far provare ai clienti nuovi prodotti da lanciare, oltre alle confezioni formato famiglia nelle quali il prezzo di vendita favorisce l'acquisto del cliente.

Il servizio

Dal mio punto di vista, servire il cliente è un elemento imprescindibile del commerciante di carni. Ricordate chi è il vostro vero padrone? È il cliente. Il cliente è molto esigente e richiede un servizio puntuale e attento; vuole essere trattato bene e compreso. Quando ha un problema vuole essere ascoltato. Quando vuole un taglio particolare o una ricetta è nostro dovere aiutarlo.

È impegnativo! Certamente! Ma il rapporto con il cliente è quello che ci da veramente soddisfazione; ricevere da lui un "grazie", corrisponde a ripagarci di tante fatiche, tanti sacrifici e tante sveglie all'alba.

Un modo per dare il servizio al cliente, in particolare nella vendita a libero servizio (dove cioè il cliente si serve da solo), è la gestione dello spazio (space-management). Questa parola così complessa indica la corretta e organizzata esposizione dei prodotti negli spazi espositivi di un punto di vendita al pubblico.

Sapete tutti e se non lo sapete ve lo dico io, che ipermercati, supermercati, discount e negozi di prossimità, espongono i prodotti lungo il percorso che utilizza il cliente, seguendo specifiche politiche di vendita al fine di invogliarlo ad acquistare i prodotti che incontra. Esempio classico è quello di un cliente che entra con il carrello per acquistare una confezione da un kg di zucchero e quando si trova alla cassa ha il carrello con almeno altri 7/8 prodotti che non erano nella sua lista della spesa.

Questo avviene in quanto lungo il percorso, le merci sono state posizionate appositamente per invogliare il cliente ad acquistare ciò che incontra. Il layout di vendita (cioè la disposizione degli spazi espositivi in base alla dimensione della struttura), ha il fine di ubicare i reparti in sequenza e in maniera tale che i beni di primaria importanza siano localizzati in punti dove il cliente, prima che li raggiunga, possa essere invogliato ad acquistarne altri. Non per niente, spesso lo zucchero e l'acqua sono alla fine del percorso.

Altra attività molto importante è il merchandising che ha il fine di massimizzare la redditività della superficie espositiva e il servizio al cliente. Tutto nasce da degli studi fatti sui comportamenti del cliente quando acquista; in particolare egli è influenzato nell'acquisto dalla temperatura dell'ambiente, dalle immagini oltre che dai colori, dai suoni e dagli odori. Oggi il merchandising si è evoluto in visual – merchandising con la finalità di orientare il cliente verso l'acquisto che massimizza i guadagni, riduce i costi, dia servizio e fidelizzi la clientela.

Il visual-merchandising deve poter invogliare il cliente a raggiungere il punto dove è posto il prodotto che ricerca, potendo anche prendere altri articoli invogliato dall'impulso all'acquisto. L'interesse del consumatore, nasce per molti articoli che acquista al momento, per effetto degli stimoli e le emozioni che riceve (colori, odori, suoni, immagini). L'acquisto di impulso è strettamente legato alla cartellonistica che deve essere <u>chiara e leggibile</u> (il messaggio in essa riportato: preciso, deciso e conciso).

Le evidenziazioni dei prodotti al banco, in particolare per le promozioni, vanno curate molto bene. Possono essere arricchite da ambientazioni legate al prodotto, alla stagionalità, alla tipologia di consumo. Inoltre l'utilizzo di promoter consente di aiutare la spiegazione di cartellonistica destinata a far conoscere un prodotto da un punto di vista organolettico, di consumo e di cottura, oltre a consentire la prova all'assaggio.

In tutto questo, nella disposizione dei reparti, quelli che hanno una maggiore capacità di attrazione, vengono posizionati alla fine del percorso di vendita. La carne, prodotto deperibile, acquistato anche più volte alla settimana è uno di questi.

Di fondamentale importanza è la gestione del display di vendita. Questo è il sistema con il quale viene posizionata la merce sui banchi per invogliare il consumatore all'acquisto. Non solo, può invogliarlo ad acquistare il prodotto che più interessa vendere al venditore! Per questo il display segue delle regole. Nella esposizione i prodotti possono essere posizionati a differenti altezze. Livello pavimento: difficile da raggiungere per il cliente e dove i prodotti sono meno visibili; livello occhi: che attira di più il cliente (la posizione a destra altezza occhi viene considerata la più alto vendente); livello alto: meno visibile e meno accessibile.

Nei banchi murali refrigerati, utilizzati per esporre le carni, la scelta dei prodotti di carni da esporre va quindi fatto seguendo queste indicazioni, per guidare il cliente all'acquisto dei prodotti; per cui ad altezza occhi il prodotto che più ci interessa vendere e gli altri in alto o in basso. Attenzione perché nei banchi murali la zona in alto, se non si ha lo sportello di chiusura, normalmente refrigera meno bene, quindi qui inseriremo i prodotti meno deperibili. Nei banchi lineari (quelli bassi e senza ripiani per capirci), l'esposizione del prodotto sarà effettuata partendo dalla categoria per poi utilizzare la famiglia, la sottofamiglia e gli articoli.

Un tipo di display che ho utilizzato spesso, è quello che privilegia la esposizione ad inizio del banco lineare del prodotto di maggiore qualità, contenuto di servizio e prezzo di vendita medio €/kg

Quindi in sequenza: Piatti cucinati, Piatti preparati a base di Carne, Prodotti Bio, Vitello a carne Bianca, Bovino adulto di categoria superiore, Scottona, Bovino Adulto, Suino di categoria superiore, Suino convenzionale, Ovino di qualità certificata, Avicolo cucinato, Avicolo preparato, Avicolo convenzionale. Ognuna delle categorie sopra riportate ordinata nell'ordine: Fettine, Bistecche, Spezzati, Macinati e Frattaglie.

Resta inteso, che questo è uno dei tanti modi, con cui si può curare il display del banco. Certamente durante ogni giornata lavorativa, va valutata la riuscita della vendita con conseguente modifica dei prezzi e degli spazi destinati a un prodotto.

L'obiettivo è sempre quello di soddisfare il cliente, accrescendo gli incassi, sviluppando i volumi con le promozioni, mantenendo freschezza e qualità. Una cosa complicata, ma che con un po' di impegno si può fare.

La mia esperienza è stata quella di utilizzare prodotti confezionati in atmosfera protettiva, dopo aver utilizzato quelli in film stretch. Con questi prodotti di maggiore durata, tutto è più semplice da gestire. Allargando e stringendo gli spazi dei prodotti in base alla loro rotazione di vendita, evidenziando quelli che stentano di più, riportare la resa ai livelli programmati è alquanto più facile.

L'evidenziazione con un cartello riportante la sola dicitura "carni fresche", anche esponendo il prezzo di vendita consueto, può infatti attirare l'attenzione del cliente su un determinato prodotto e aumentarne la richiesta. Aiuta certamente un taglio del prezzo come abbiamo detto in precedenza, meglio se evidenziato con un cartello "Offerta del giorno", riportante prezzo originario e prezzo promozionale.

Anche nel reparto carni, quindi, il marketing esiste e va sfruttato. La comunicazione va sfruttata e può certamente aiutare la vendita. Volantini, Annunci Radio, Social Network, Affissioni, possono aiutare a incrementare la conoscenza della vostra attività e le vendite.

Una cura particolare va poi riservata alla esposizione delle carni nel banco carni servito dall'operatore. Il principio espositivo può essere il medesimo a livello di display. Va sempre data massima attenzione al mantenimento del prodotto nel banco e alla capacità di refrigerare il prodotto per consentire il migliore mantenimento. Certamente aiuta la capacità e l'abilità dell'operatore banconista.

Egli stesso, se capace, può incrementare i guadagni dell'attività… ma qualora mancasse di preparazione e basasse il servizio al cliente sulla improvvisazione, i risultati negativi non tarderanno a venire. In questi casi l'operatore al banco servito delle carni, fa la differenza! Sarà per questo che spesso è il dipendente più pagato del negozio? Elemento fondamentale a questo proposito è la giusta formazione.

Il bravo venditore di carne, deve avere alla base competenze e valori. I valori di serietà, onesta e impegno a raggiungere gli obiettivi aziendali e molte competenze specifiche. Dovrà essere capace di accogliere il cliente in modo educato, orientarlo all'acquisto con giusti consigli in base alle richieste, informare sulle caratteristiche del prodotto, proporre offerte e assaggi oltre a curare l'immagine e la pulizia del reparto in cui opera.

Le ricorrenze: Pasqua e Natale

I periodi di festività e ricorrenze sono i momenti in cui è possibile sfruttare le necessità del consumatore che consuma un maggiore quantitativo di carni. In particolare ci sono alcune tipologie di prodotto che sono tipiche dei periodi di Pasqua e di Natale.

La Pasqua per la vendita degli agnelli. Il Natale per la vendita dei prodotti tipici del periodo: Maiale (in alcune zone del nostro paese), Tacchini, Capponi, Galline, Arrosti, Fegatini e Grecili.

Iniziamo con la Pasqua. L'agnello è un prodotto che ha un andamento di vendita durante l'anno che incide molto poco nelle vendite delle carni. In questo periodo invece le vendite hanno una crescita esponenziale. La tipicità deriva dalla tradizione religiosa che vuole che si consumi l'agnello in questo periodo, in quanto simbolo di sacrificio, di redenzione dai peccati, di rito di passaggio. La carne di agnello rappresenta quindi un elemento che dobbiamo considerare nella vendita di questo periodo. Possiamo sfruttare la cosa in due modi. Il primo è quello di assecondare la vendita solo in base alle necessità del cliente con lauti guadagni sull' incremento di volumi in kg venduti nel periodo. La seconda, che consiglio vivamente, è quella di ragionare su un prezzo promozionale che consenta, nel periodo di maggiore richiesta di attirare i clienti e incrementare i volumi.

Ho provato ambedue le possibilità e vi assicuro che con la seconda non solo si riesce a incrementare i volumi, ma si riesce a portare nel punto vendita clienti occasionali che oltre ad acquistare il prodotto in offerta, acquisteranno altri prodotti, anche di carne. E questo è il vero guadagno. Già, perché il prodotto di agnello che metteremo in vendita sarà di buona qualità e avrà un costo di acquisto nel periodo di maggiore richiesta anche sostenuto. Tutti quelli che operano nel settore delle carni sanno che nel periodo pasquale, il prezzo della carne di agnello cresce e molto spesso non si riesce a chiudere un prezzo se non la settimana prima dell'inizio delle vendite.

Posso raccontare una mia esperienza a tal proposito. Avevo necessità di un numero cospicuo di agnelli e contattai molti fornitori già tre mesi prima della Pasqua per chiudere il prezzo della partita di cui necessitavo. Lo feci nuovamente due mesi prima, il mese prima e tre settimane prima della Pasqua. Nessuno ti diceva un prezzo o una quantità! Sembrava che gli agnelli fossero scomparsi dal mercato.

Con questo sistema, come volevano i venditori di carne di agnello, il prezzo cresceva di giorno in giorno! A ridosso dell'inizio della vendita, ero in forte difficoltà! Non c'era né una quantità, né un prezzo definito per la campagna che si apprestava a partire! Poi come un miracolo, chiamarono i produttori. Il prezzo ormai non era più trattabile! Mi dovetti accontentare e pagare il richiesto.

Come fare quindi? Per non cadere nella bagarre del prezzo, è importante avere dei fornitori di carni di agnello che ti forniscano tutto l'anno. Fare con loro un accordo prima della Pasqua in modo da assicurarsi per questo periodo quantità e qualità!

Altro problema da definire oltre alla tipologia, la provenienza, la qualità, il peso, il colore e del grasso del prodotto, è certamente il prezzo. Il prezzo dell'offerta nella mia esperienza non deve fare perdere la categoria. Abbiamo detto che la strategia è quella di guadagnare sulle vendite delle altre carni e degli altri articoli in vendita. La categoria dell'agnello dovrà avere una distribuzione di vendite con una incidenza del prodotto in promozione che ci consenta di raggiungere almeno il pareggio.

Questo sarà possibile, facendo una previsione delle vendite e delle incidenze di ogni articolo di agnello nel periodo di offerta. Operando sui prezzi delle spezzature di lavorazione (Coscio, Spalla, Costolette, etc.) sarà possibile puntare sulla vendita in offerta degli articoli interi o a metà. Questi ultimi avendo un prezzo medio al kg più basso, attireranno il cliente, che potrà acquistare più quantità a un prezzo conveniente. Inoltre vi consentirà di avere i maggiori volumi su articoli che necessitano di minore lavorazione.

Questo sistema di vendita ha sempre funzionato per attirare il cliente ed è utile in particolar modo quando si vogliono incrementare i volumi o attirare i clienti. Il cliente inoltre assaggerà la buona qualità e sentendosi soddisfatto ritornerà!

Il Natale è un ottimo periodo per le vendite di prodotti alimentari. Avere dei prodotti in offerta per richiamare la clientela all'acquisto è molto utile. In questo periodo è tradizione in alcune parti d'Italia consumare il maiale o lavorarlo per la stagionatura. Inoltre incrementano le vendite di carni di gallina, tacchino e cappone per preparare bolliti e zuppe oltre alle interiora del pollo per la preparazione di salse e paté. Richiesto anche l'agnello anche se in quantità inferiore rispetto alla Pasqua.

La comunicazione interna

La comunicazione è il processo con il quale si trasmettono e condividono le informazioni. Abbiamo visto, insieme come la comunicazione del prezzo, della qualità e del tipo di servizio offerto, sia utile per invogliare il cliente ad acquistare il nostro prodotto. Ora andiamo invece ad approfondire il tema del passaggio delle informazioni all'interno dell'organizzazione.

Viviamo oggi nella "Società dell'informazione". L'abilità di conoscere le cose e avere gli strumenti adatti per interpretare l'informazione, rende l'organizzazione competitiva e vincente. Tenendo sempre un approccio pratico, osserviamo quanto possa essere importante il passaggio delle informazioni anche nel settore delle carni.

Ricordiamoci sempre che l'organizzazione del reparto carni è fatta di uomini. È noto che è statisticamente quasi impossibile che ci siano due persone al mondo che nello stesso istante pensino la stessa cosa; ci sono innumerevoli modi di interpretare un determinato fatto, situazione o avvenimento.

Se questo è vero, le informazioni che passano da un individuo all'altro, se non bene organizzate, spiegate e comprese possono portare ai risultati più disparati. Ecco spiegato, come mai, nella gestione di numerosi punti di vendita, ogni attore interpreta le informazioni in modo diverso.

Quando si lavora in team e in particolare quando sono numerosi gli attori che contribuiscono a creare la catena del valore, il passaggio delle informazioni si complica e necessita di particolari attenzioni. Ricordiamoci sempre, che l'informazione è determinante per raggiungere il risultato che ci siamo posti. In particolare se tale risultato è guadagnare! Ciò vale in ogni ambito, in particolare nelle carni.

A me è capitato di gestire il passaggio delle informazioni verso numerosi punti di vendita, dislocati in diverse regioni. È molto importante, a mio avviso, avere un sistema di comunicazione idoneo. Oggi con le chat, i social media, le email è certamente tutto molto facile. L'informazione che va da un punto centrale alla periferia o se preferite dai vertici alla base, deve avere un contenuto necessario e avere le caratteristiche di essere precisa, decisa e concisa. È un compito di grande responsabilità ma certamente necessario per raggiungere l'obiettivo.

La correttezza di quanto è scritto e la facile interpretabilità devono essere un elemento che contraddistingue la comunicazione. E se le cose non vanno? "Il pesce puzza dalla testa" recita un vecchio adagio. Parafrasato vuol dire che se le cose vanno male la colpa è di chi comanda (in questo caso di chi ha inviato la comunicazione). Va compreso quindi se il messaggio era sbagliato, le informazioni erano poco leggibili o poco comprensibili.

Oggi il bravo manager, come il bravo imprenditore, sa bene che essere bravi comunicatori può essere la via maestra per il successo della sua azienda e personale.

A prescindere deve saper comunicare i valori dell'azienda, la competenza e come raggiungere gli obiettivi. Quindi la comunicazione è l'elemento trade-union che chiude il cerchio tra programmazione (il cosa fare) e organizzazione (il come farlo). Nelle mie comunicazioni interne ai reparti delle carni dei supermercati, era sempre specificato a quali operatori era destinata la comunicazione (Direttori, Ispettori, Responsabili e Operatori), la data e i contenuti.

L'obiettivo era quello del raggiungimento dell'obiettivo di uniformare e standardizzare metodi e sistemi delle varie realtà, per quanto possibile. La comunicazione da me inviata aveva cadenza settimanale e in alcuni casi bisettimanale. Aveva la finalità di fare in modo che i responsabili fossero in grado di poter usufruire delle informazioni necessarie al raggiungimento degli obiettivi. Immaginavo nel mio piccolo di parlare direttamente a ognuno degli attori per fare sì che ciò che era obiettivo dell'azienda fosse applicato correttamente e che la distanza tra vertice e base fosse sentita il meno possibile.

I contenuti delle comunicazioni interne andavano dalla gestione delle promozioni, ai sistemi di riordino, alle peculiarità di lavorazione del periodo, alla qualità dei prodotti, all'andamento del mercato, ai servizi, alla crescita o calo dei consumi, alle consegne, alle festività e ricorrenze, ai prodotti da ordinare…

Utilizzando questo sistema il risultato è stato molto positivo. Sono riuscito a raggiungere dei risultati migliori, rispetto a quando nessuna informazione veniva data. Le persone coinvolte nel processo di creazione del valore, si sentivano maggiormente artefici del risultato; le informazioni avevano sempre un doppio senso con un feed back tra vendite, acquisti e logistica che generava un circolo di qualità impostato sul miglioramento continuo; inoltre miglioravano risultati di vendita e guadagni!

Oggi questo sistema di comunicazione è molto facilitato dalla possibilità di fare delle video chat in tempo reale. Le distanze si abbattono molto velocemente, come velocemente viaggiano le informazioni e di conseguenza i buoni risultati. Nel team attraverso la comunicazione si riesce quindi a standardizzare e uniformare, tutti cantano la stessa canzone… così si raggiungono gli obiettivi… si riesce a essere diversi… vincenti… e guadagnare di più!

Il controllo

È l'attività di verifica della applicazione delle procedure e dei metodi pianificati per raggiungere gli obiettivi. Abbiamo parlato di pianificazione, programmazione e organizzazione. Abbiamo quindi pianificato una attività volta al raggiungimento degli obiettivi, abbiamo programmato modi e tempi di azione, abbiamo organizzato il lavoro delle persone, ora è necessario andare a verificare che tutto quanto appena descritto venga applicato nella realtà.

Questa funzione è spesso svolta direttamente dal capo azienda coadiuvato da ispettori investiti del compito di svolgere l'attività operativa attraverso metodi e sistemi appositamente studiati.

Nel pratico, in una catena di macellerie, l'ispettore è colui che verifica l'attività di vendita in collaborazione con la direzione, e gli approvvigionamenti. Periodicamente crea un circolo di qualità (cioè un tavolo congiunto), insieme ad altri ispettori o responsabili dei settori aziendali per risolvere problematiche e rispondere alle esigenze dei punti vendita e dei consumatori.

L'ispettore come abbiamo detto, segue una impostazione data dal capo azienda. È ideale che le sue procedure e attività siano standardizzate in base alle esigenze dettate dallo stesso capo azienda. Questo è fattibile con l'utilizzo di una apposita Check-List che è un prospetto standard di controllo che l'ispettore utilizza nelle sue verifiche e con le quali analizza le varie aree di interesse aziendale per conseguire gli obiettivi.

Questo sistema di controllo lo ho acquisito durante il servizio di urgenza emergenza in ambulanza. In questo contesto, dovendo soccorrere delle persone al meglio possibile, è necessario che tutti i presidi idonei alla corretta effettuazione del servizio fossero presenti in ambulanza e operativi al meglio.

Esempio di Check List di Controllo per un banco di vendita di carni:

- *Esposizione*

- *Presentazione del prodotto*
- *Freschezza del prodotto*
- *Rotazione del prodotto*
- *Cura delle confezioni*
- *Assenza di bordature o macchie*
- *Cura dell'assortimento*
- *Esposizione libro ingredienti e preparati*
- *Vendita*
- *Cura dell'esposizione*
- *Rispetto del display espositivo*
- *Esposizione prodotti in Offerta*
- *Cartellonistica promozionale ed evidenziazioni*
- *Cura e corrispondenza etichette prezzo*
- *Tracciabilità del prodotto e lotti*
- *Quantità esposta e date scadenza*
- *Lavorazione*
- *Rispetto del regolamento aziendale*
- *Tenuta abbigliamento da lavoro*
- *Pulizia del Reparto*
- *Pulizia e funzionamento macchinari e attrezzature*
- *Rispetto norme igieniche*

- *Ordine, pulizia, rotazione merce in cella frigorifera*
- *Fuori stock e over stock*
- *Stoccaggio sottoprodotti e scarti*
- *Stoccaggio e uso ingredienti per preparati*
- *Etichettatura*
- *Utilizzo Dispositivi di protezione*
- *Risultati*
- *Incassi annuali e settimanali*
- *Differenze e distruzioni*
- *Suggerimenti e consigli*

Il corretto metodo che suggerisco è quello di utilizzare un approccio collaborativo con chi si trova di fronte a una analisi attenta del lavoro che svolge; questo per evitare problemi legati alla sfera professionale e per non ferire chi, in pratica, si sente sotto esame.

A tal proposito nelle mie visite alle vendite ho avuto un positivo riscontro utilizzando il criterio del voto (Sufficiente, Buono, Ottimo), che può essere utilizzato per valorizzare l'attività svolta e in caso di necessità a puntualizzare cosa va migliorato.

Un problema spesso è legato alla risposta che si può ricevere da parte dell'operatore, abbiamo sempre a che fare con persone spesso di lungo corso e con un forte ego; posso però assicurare che ho visto persone di grande esperienza collaborare con forte spirito di miglioramento volto al raggiungimento dei risultati aziendali.

Il controllo di gestione

Oltre al controllo sulle attività di vendita è importantissimo poter valutare dove stiamo andando a livello di risultati, rispetto a quanto è atteso. Avere una contabilità parallela a quella fiscale che consente di valutare l'efficienza aziendale e consente di individuare i punti critici e apportare i dovuti correttivi può portare a mio avviso a raggiungere risultati incredibili.

Il controllo degli incassi rispetto all'anno precedente ci dà un termometro delle vendite a valore e a volume, confrontabile con i dati del mercato. Il controllo dei guadagni e della situazione di liquidità ci consente di attuare le azioni per migliorarli e arrivare a chiudere un anno positivo.

Il controllo di gestione, spesso è considerato una perdita di tempo o un mero equilibrismo contabile. Nella realtà non è così! Conoscere per ogni magazzino, negozio, settore acquisti, il valore dell'inviato e del venduto, quanto distrutto o svalutato, quale marginalità abbiamo ottenuto ed in fine che valore di differenza inventariale abbiamo realizzato in ogni periodo ci può essere di grande aiuto.

Effettuando un controllo settimanale, mensile, trimestrale e semestrale di questi dati è possibile comprendere dove stiamo andando e se la pianificazione fatta è corretta e allineata ai risultati. Caso contrario sarà possibile operare delle modifiche a livello di prezzi di vendita, del mix di assortimento, dei display, delle lavorazioni, delle scale del prezzo, delle lavorazioni.

RIEPILOGO DEL CAPITOLO 5:

- SEGRETO n. 1: Programmazione, organizzazione e controllo ci consentono di svolgere una attività mirata e orientata alla vendita.

- SEGRETO n. 2: Puntare sulla qualità è il modo migliore per fidelizzare il cliente; quest'ultimo ricerca al momento dell'acquisto colore, marezzatura, provenienza e freschezza delle carni.

- SEGRETO n. 3: Il giusto prezzo è quello che ci consente di soddisfare il cliente oltre a consentirci di vendere tutti i prodotti del taglio di carne utilizzato; con il metodo della scala del prezzo, segmentiamo l'offerta di un settore merceologico ad alta rotazione e offriamo una maggiore gamma di prodotti in base al prezzo e al contenuto di servizio.

- SEGRETO n. 4: Le promozioni sono lo strumento per aumentare l'interesse del consumatore verso un prodotto; aggiungiamo alla pubblicità con un volantino pubblicitario, la cartellonistica sul banco oltre a maggiore spazio espositivo e le vendite possono anche quadruplicare.

- SEGRETO n. 5: Con la tecnica della gestione del lay-out di vendita, si organizzano i locali, in modo che lungo il cammino il cliente sia invogliato ad acquistare un maggiore numero di prodotti; con il visual – merchandising, orientiamo il cliente verso l'acquisto che massimizza i guadagni, riduce i costi, da servizio e fidelizza la clientela. Ricordiamoci che la parte del banco murale più alto vendente è quella a destra, altezza occhi; mentre nel banco piano lineare, è la prima parte del banco che il cliente incontra.

- SEGRETO n. 6: La Pasqua e il Natale sono momenti stagionali in cui si incrementano i consumi delle carni, in particolare la vendita di agnello a Pasqua e a Natale di suino e volatili da cortile, ci consentono l'effettuazione di promozioni per incrementare le vendite dell'intero reparto.

Capitolo 6:
Guadagnare con le carni 3.0

Dove va il mondo delle carni

Evoluzione. Questa è la parola magica. Si definisce come il continuo processo di miglioramento, volto a raggiungere la creazione dei beni e servizi sempre più idonei a soddisfare le esigenze delle persone. È un modo di pensare, un criterio di ragionamento che è stato da secoli il pallino dell'uomo, degli scienziati… un po' di tutti noi.

La società cresce, si sviluppa numericamente ma anche qualitativamente. Ricercando nuovi mezzi, metodi e sistemi con cui l'uomo si evolve. La tecnologia, la scienza, la medicina, stanno facendo dei passi da gigante. Chi di noi non si è domandato: come posso fare per migliorare questo processo? Come posso valorizzare questo prodotto? Come posso aiutare il mio prossimo?

Queste domande me le sono fatte molte volte. Anche i miei più stretti collaboratori potranno confermarvelo. Ancora oggi sorridono, ripensando a tutte le volte che dopo una giornata piena lavoro di analisi, di organizzazione e di controlli, si sentivano dire da me: "Beh! Allora! In cosa possiamo ancora migliorare?". E la risposta c'era sempre. Era sempre possibile migliorare!

Anche nel nostro amato settore delle carni, tutto questo è possibile e reale. È possibile una evoluzione, malgrado la storia e l'esperienza ci rimandano a tempi antichi. Nel descrivere acquisti, lavorazioni e vendite ci siamo soffermati su aspetti per lo più pratici e collegati ai processi di produzione, al marketing all'economia aziendale e all'arte della macelleria.

Una descrizione che ci serve per capire come guadagnare nelle carni secondo una impostazione classica. Il mondo va avanti! Si innova! Anche il mondo delle carni si innova! Per questo è bene distinguere come funzionava il mercato delle carni in precedenza, come è diventato oggi e ipotizzare come sarà domani.

Prima le carni erano viste come un mezzo di sostentamento proteico per il corpo, che il macellaio con la sua abilità ed esperienza, trasformava per il consumatore. Oggi è diventato un insieme di prodotti e servizi che spaziano dall'alimento che viene dato all'animale, per passare a sistemi di logistica, conservazione, stoccaggio, trasporto e lavorazione, per arrivare in fine alla vendita, condito dei più evoluti sistemi di marketing ed esposizione, al fine di soddisfare cliente e azienda venditrice.

E il futuro? Il domani? Come sarà? Il futuro iniziamo a viverlo tutti i giorni! Sin da ora! La tecnologia va avanti e sforna sistemi gestionali complessi che ottimizzano le analisi in un modo che prima era impensabile. La ricerca e sviluppo riesce a creare innovazioni di processo che stanno ottimizzando ogni singola fase della catena di creazione del valore.

L'attenzione alla qualità e alla salute, in particolar modo dopo l'esperienza del Corona Virus o Covid-19, si è grandemente accresciuta; il consumatore ha raggiunto una maturità di coscienza e di scelta verso la qualità e la salubrità che è facile prevedere, favoriranno le carni di maggiore valore.

A molti, tutto questo fa paura! Forse! Ma non dal mio punto di vista! Infatti a mio avviso si tratta di una grande opportunità! Ritengo infatti che è inutile che la scienza vada avanti se non siamo capaci di sfruttarne i grandi vantaggi che ci propone.

Inoltre, non tutti sanno che, negli ultimi anni in Italia, <u>sono migliaia le realtà, piccole, medie e grandi della filiera delle carni che hanno chiuso i battenti</u>. Molte per mancanza di liquidità, molte per l'eccessivo peso fiscale, molte altre per impossibilità di finanziarsi nel mercato del credito, molte altre per non essere state in grado di mettersi al passo con i tempi.

Prendo spunto da quest'ultimo esempio, per fare un collegamento con la cucina italiana. Parliamo di una eccellenza a livello mondiale! Da sempre! Anche la cucina italiana ha vissuto dei periodi bui. Molti ristoranti hanno chiuso i battenti. Molti per gli stessi motivi legati alla incapacità di restare al passo con i tempi.

Oggi, ci basta guardare la Tv per capire che il settore della cucina si è creato una nuova identità. Se proviamo a fare un po' di zapping, è facile incontrare uno chef, un cuoco o una bella signora ruspante, che si dilettano a spiegare le preparazioni più disparate. Gli ascolti di queste trasmissioni sono elevatissimi (anche perché alcune legano la creazione di piatti alla competizione tra concorrenti, con grande successo di audience).

Il settore della cucina si è così rinnovato e innovato, svelando tutte le varie sfaccettature e i segreti che da segreto di pochi è divenuto ricchezza di tutti! Non solo la cucina italiana è stata brava a importare ingredienti e metodi di cottura da varie parti della penisola e dal mondo, ma ha anche riscoperto antiche ricette e sapori perduti, capaci di destare l'interesse dei palati più fini.

Il connubio tra telecomunicazione, social media e competizione televisiva, legate a un argomento di interesse di tantissimi consumatori e la volontà di spostare l'interesse verso la cucina hanno portato al grande successo! Che cosa dire! Chapeau!

E la carne? Dicevamo in precedenza che molte realtà hanno chiuso i battenti. E in futuro? Se non si innova, se non si è al passo con i tempi, se non ci si evolve, purtroppo, molte realtà chiuderanno. La Grande Distribuzione Organizzata si svilupperà sempre di più con concentrazioni sempre più esasperate e creerà delle economie di scala che saranno in grado di abbattere i costi; i costi del personale incideranno (anche per effetto di nuove regole e tasse) sempre di più sul costo del prodotto; il cliente, maggiormente informato, sarà sempre più esigente e attento; i trasporti saranno sempre più efficienti e capillarizzeranno sempre di più il loro servizio, consentendo al micro marketing di raggiungere il singolo cliente.

Se ciò non bastasse, il mercato si sta arricchendo di nuovi players che oggi sono in grado di avere informazioni in tempo reale e sfruttarle a loro piacimento per accaparrarsi le maggiori quote di mercato. Pensate che oggi, in Cina, in alcune grandi città, i prodotti sono caricati e girano sui camion delle consegne prima di essere ordinati in modo tale che alla richiesta del cliente possano essere consegnati in tempi più brevi (addirittura in meno di un'ora).

Allora domandiamoci: cosa ne sarà delle attività attualmente esistenti? Cosa potranno fare contro dei colossi che saranno in grado di fare un marketing sul cliente utilizzando l'intelligenza artificiale, inviargli offerte tramite social network ed email autoresponder, ricevere un ordine e consegnare in un'ora? Questo è il futuro? Questo a breve sarà l'oggi? Esiste una soluzione? Dal mio punto di vista sì!

Bisogna essere capaci di fare le cose bene, come ha fatto la cucina italiana in tempi di crisi! Bisogna crederci, avere fiducia, coraggio, rispetto, ottimismo e un occhio al futuro! Bisogna ottimizzare i prodotti, come abbiamo detto in precedenza, creando un mix di assortimento che guardi alla qualità e che soddisfi il consumatore finale. È necessario avere dei prezzi competitivi e un servizio adeguato agli standard richiesti.

Tutto questo è possibile! Concentrando le forze a disposizione, ottimizzando, standardizzando e creando il valore che ci rende diversi (e quindi vincenti). Inoltre avendo cura di gestire la logistica, la vendita e le consegne sfruttando i più moderni sistemi di marketing legati a internet e ai social network! È una cosa che si può fare come lo ho fatto io, concentrando le attività in un'unica struttura.

Il centro di produzione carni

Prima di creare il Centro di produzione delle carni dirigevo il mio settore dalla scrivania del mio ufficio armato di penna, calcolatrice e personal computer.

Mi scontravo frequentemente con grandi problemi legati alla mancanza: di organizzazione, di collegamento tra acquisti e vendite, di standardizzazione delle lavorazioni, di carenza del personale, di errata gestione degli ordini, di bassa durata del prodotto, di differenza di risultati tra punti vendita, di qualità diversa offerta dalle varie filiali, di problematiche di contaminazione, di impossibilità di effettuare delle preparazioni a base di carne, …

Questi sono un po' i problemi che si incontrano tutti i giorni gestendo un reparto carni di una azienda commerciale. Un bel giorno, sommerso da mille e più di questi problemi, mi sono fermato a pensare e ho ragionato su come potessi risolvere almeno una parte di tutti questi problemi che incontravo giornalmente.

Mi meravigliavo inoltre spesso, di come altri settori come l'ortofrutta e i salumi e latticini, avessero grandi risultati accentrando le forniture in un'unica struttura. Non potevo farlo anche io? Avrei potuto avere anche io gli stessi vantaggi. Lo feci! Centralizzai (come si dice in gergo logistico) tutte le consegne dei fornitori di carne, presso una struttura di terzi. La merce così ricevuta poteva essere valutata qualitativamente, controllata quantitativamente, tracciata e rifatturata a ogni singolo punto vendita.

Uno dei vantaggi era poter contare sui contributi che i fornitori riconoscevano per la ridistribuzione del prodotto sui punti vendita. Questo contributo era di gran lunga superiore a quanto realmente costava la riconsegna della merce sulle filiali con delle linee di trasporto già ottimizzate. Potevo poi approvvigionarmi da fornitori che precedentemente non riuscivano a venire in consegna capillarmente su ogni filiale, consentendomi di fare scelte di assortimento migliori e sfruttare la maggiore concorrenza tra di loro.

Altro vantaggio era dato dal fatto che le merci giungevano in vendita, negli orari programmati e sempre in anticipo rispetto a quando la consegna veniva operata dal fornitore. Inoltre i mezzi viaggiavano a una temperatura controllata con appositi dispositivi durante il tragitto a garanzia di massima conservazione e con una igiene massima. Tante ottimizzazioni! Tutti miglioramenti! Tutte fonti di guadagno!

Bene! Molti di voi, penseranno che allora abbiamo raggiunto il risultato… e ora ci resta solo di aspettare la pensione. Invece non è così! Avevo risolto molti dei mei problemi, ma ancora avevo delle cose che ritenevo migliorabili. Ebbi la fortuna di andare a vedere cosa veniva fatto nella vicina Francia e in alcune strutture industriali del centro e del nord Italia.

Osservando la filiera mi resi conto che le carni avevano delle segmentazioni nella filiera molto specialistiche e separate tra di loro: l'allevamento, la macellazione, l'industria, l'ingrosso e la distribuzione. Gli attori che operavano in ogni segmento della filiera erano molti e ognuno aveva un suo costo che ricadeva sul prodotto finito. Inoltre erano presenti numerosi mediatori e rappresentanti che contribuivano a far gravare le proprie parcelle sui costi della filiera. Era chiaro che accorciare la filiera poteva essere la scelta ideale.

Partendo dall'allevamento, ho approfondito i temi della alimentazione dell'animale e vi assicuro che seguendo l'attività giornaliera, si capiscono molte cose su come viene cresciuto l'animale e sui costi del prodotto. Al macello si possono imparare i trucchi del mestiere tipo: il valore del recupero dei costi del quinto quarto e delle pelli, i reali costi di macellazione, come standardizzare i pesi dei prodotti da ricevere, come standardizzare le carni in base alla classifica europea (SEUROP) e tanti altri ancora.

La logistica inoltre poteva essere ottimizzata, definendo giorni e orari di trasporto e consegna con griglie allo scarico. Facendo il passo della centralizzazione avevo superato l'utilizzo dei mediatori e grossisti con evidenti benefici nel risparmio delle merci acquistate.

Ciò che mi aveva attirato in particolar modo è stato la capacità dell'industria di trasformare le carni e creare valore aggiunto. Mi domandai, per quale motivo non potevo essere capace di fare la produzione così come lo faceva l'industria, che oltre tutto ci guadagnava molto bene?

Potevo quindi accorciare ancora di più la filiera sostituendomi all'industria e risolvere i problemi di lavorazione? Ogni reparto carni dei punti vendita, aveva infatti un suo metodo di gestione della lavorazione con conseguenti differenti risultati. Oltre a ciò altra problematica era legata alle difficoltà di tipo sanitario, che erano difficilmente gestibili con le lavorazioni al punto di vendita.

Altra problematica che mi trovavo a incontrare era legata alla carenza di personale specializzato nel mercato del lavoro. Al fine di risolvere questa problematica, mi adoperai effettuando dei corsi di formazione, destinati alla creazione di figure di macellaio specializzato. Era una bellissima esperienza, quella di crescere nuove leve in un mondo così bello! Ci voleva però molto tempo, alcune volte anni prima di vedere dei risultati e non di rado il personale formato si spostava a lavorare dalla concorrenza.

Giunsi alla conclusione che per poter ottimizzare il lavoro e ottenere migliori risultati, la soluzione ideale era quella di concentrare tutte le attività in un unico punto. In questo centro logistico sarebbe stato possibile effettuare tutte le seguenti attività: ricevimento della merce, carico di magazzino, carico della tracciabilità nel database gestionale, stoccaggio a temperatura controllata, lavorazione nel rispetto della autorizzazione bollo CE, disosso, sezionamento, preparazione, confezionamento (in sotto vuoto o Atm), etichettatura, imballo, bollettazione e trasporto.

Altri vantaggi di questa ottimizzazione logistica, erano che concentrando gli acquisti ottenevo maggiori guadagni legati a gestione di ordini concentrati, mezzi che facevano consegne sempre pieni e a costi più bassi, orari di scarico allineati alle esigenze di lavorazione e vendita.

Altro grande vantaggio era dato dal fatto che potevo contare in produzione dei macellai migliori, con la direzione del tecnico più bravo a dirigere l'attività. Ciò voleva dire avere una sola resa, la migliore, con cui avere già in partenza maggiori guadagni.

Si poteva inoltre avere un grande vantaggio in termini qualitativi a causa di un migliore controllo al momento della consegna; il prodotto non idoneo o non conforme all'ordine o al capitolato di acquisti veniva reso al fornitore.

Lo stabilimento autorizzato con bollo CE ha il vantaggio di avere un veterinario del servizio sanitario nazionale presente. È un grande aiuto per il controllo dei punti critici e della gestione qualitativa del prodotto. In particolare con l'utilizzo dei tamponi sulle superfici, delle analisi e dei campionamenti, si raggiunge il massimo controllo della salubrità del prodotto, con sgravio dei rischi per i punti vendita.

Uno stabilimento con bollo CE consente anche di avere la autorizzazione a effettuare delle preparazioni a base di carne capaci di distinguerci dalla concorrenza. Parliamo di salsicce, ripieni, polpette, polpettoni hamburgers conditi, verdure ripiene. Questi articoli inoltre, consentono di aumentare la marginalità e quindi la resa di ogni kg di carne.

Consente inoltre di utilizzare macchinari industriali che ottimizzano tempi e procedure. Riduce i costi di manutenzione e riparazione dei macchinari sui punti di vendita. Ottimizza la organizzazione del personale sui punti di vendita, dove vengono posti solo i bravi operatori capaci nel rapporto con la clientela, nel confezionamento e nella esposizione.

Il personale utilizzato in produzione è specializzato nelle attività che svolge: per cui non è più necessario un macellaio tuttologo. La durata del prodotto poi, utilizzando il confezionamento in ATM passa dai canonici 2/3 giorni ai 7/9 giorni per le vaschette e a 20/30 giorni per i prodotti in sotto vuoto. La qualità del prodotto ne beneficia, così come il servizio al cliente e la presentazione delle carni. Le rifilature di lavorazione di giornata, possono essere impiegate per la preparazione dei piatti preparati pronti con ulteriore recupero sui costi.

Con un solo centro produttivo, poi, è possibile avere i risultati di lavorazione di ogni singola linea, di ogni singolo lotto di produzione e di ogni pezzo tracciato. Applicando il ciclo della programmazione, organizzazione e controllo, tutte le lavorazioni possono essere ottimizzate. Sfruttando poi le preparazioni si può anche ottimizzare l'eccesso delle produzioni di un determinato taglio avendo invece di una perdita, un guadagno.

La tracciabilità del prodotto è così chiara e riscontrabile. A ogni lotto messo in produzione corrisponde un lotto interno di lavorazione riportato su ogni singola etichetta, cosa molto utile in quanto facilmente si può rispondere ai quesiti di eventuali controlli di Asl, Nas, Repressione frodi.

Molto utile poi la gestione delle informazioni degli storici di produzione per programmare le attività lavorative. Inoltre il punto vendita con la gestione dei dati, può essere in grado di prevedere il fabbisogno facendo riferimento allo storico dei consumi, per settimana, giorno e addirittura ora.

Una procedura che può aiutare nell'ordine è quella di fare la differenza tra quantità necessaria e quantità in giacenza. Oggi è possibile utilizzare una elaborazione di dati storici a mezzo programma gestionale per prevedere il fabbisogno; tale valore sottratta la giacenza, consente di centrare al meglio la richiesta. Una vera e propria evoluzione.

La carne 3.0 vista con questo occhio, trasforma la figura del macellaio con la penna all'orecchio in un elaboratore di dati al passo con i tempi moderni. Anche per ordinare il prodotto ai fornitori tutto diventa più facile e veloce, con l'ulteriore vantaggio di ridurre al minimo gli errori. In questo modo il macellaio può fare il lavoro del macellaio, l'addetto agli acquisti può dedicarsi al miglioramento della qualità e alla scelta delle giuste carni e l'addetto alle vendite può dedicare più tempo al cliente.

Inoltre, se tutto questo non bastasse, avere un unico punto di produzione consente uno smistamento dei prodotti per operare una consegna porta a porta delle merci ordinate con portale internet.

La carne etica
Per me vendere un prodotto al cliente è un atto di grande responsabilità, visto che egli si fida di ciò che gli propongo come nutrimento per lui e tutta la sua famiglia. Non solo è importante l'aspetto qualitativo e quantitativo di un prodotto ma anche e

soprattutto quello salutistico. Ciò è valido in particolare se si parla di carni. Chi vende carni dal mio punto di vista è sempre tenuto a rispettare il cliente. Per questo le carni devono avere la qualità migliore, il taglio va ben eseguito, le confezioni devono essere accattivanti e il sapore deve soddisfare il palato.

Per questo l'organizzazione e tutti coloro che ci lavorano devono attenersi a delle regole di base e di quelle dettate dalla normativa. In particolare per quel che riguarda la salubrità del prodotto, questa deve essere rispettata in ogni aspetto igienico per quanto riguarda gli operatori, le attrezzature e i macchinari utilizzati, per eseguire le lavorazioni al meglio e ottenere così un prodotto finito ottimo.

I prodotti devono poi rispettare i tempi di durata e confezionamento come da normativa, avendo attenzione a non anteporre mai il guadagno alla salubrità del prodotto. Si devono inoltre rispettare i limiti di temperatura durante il trasporto, lo stoccaggio, la lavorazione e la vendita.

In fine, ultimo, ma non per importanza, la prezzatura del prodotto non deve mai ingannare il cliente né con le diciture di fantasia, né con escamotage di vario genere. Io la vedo così! Mi auguro che così la vediate anche tutti voi.

Ricordiamoci sempre che le carni sono un alimento destinato al consumo per il cliente e alla sua famiglia (padri, madri, nonni, figli, nipoti…).

A tal proposito voglio approfondire il tema del consumo della carne. Sono in molti oggi che osteggiano o invitano alla limitazione del consumo di questo alimento. Molti operatori del settore cercano di nascondere o bypassare questo argomento ogni volta in cui se ne parla. Perché? In quanto si crede che non parlandone si riesce a smitizzare o nascondere il problema! Credo che invece se si vuole affrontare la cosa, è necessario avere le corrette informazioni.

Oggi noti oncologi, seguendo gli studi fatti su dei casi concreti, cartelle cliniche di pazienti affetti dalle varie forme di tumori e malattie autoimmuni, sono in grado di spiegare l'insorgenza di queste vere e proprie emergenze dei nostri giorni. Ho approfondito questo tema prendendo spunto da differenti fonti, per motivi molto personali e ne ho sposata una in particolare che ci spiega come queste gravi malattie possono derivare per il 50%, anche il 60% da ciò che mangiamo.

La domanda che allora ci viene spontaneo affrontare è: è tutta colpa della carne? A sentire la voce degli esperti direi proprio di no! Con sorpresa ho letto che numerosi casi di questa malattia riconducibile alla alimentazione è strettamente legata al consumo eccessivo di zuccheri, glutine, caseina e farine ultra lavorate. Oggi ci sono numerosi oncologi che escludono o limitano ai propri pazienti, il consumo di zuccheri e latticini nelle diete dei propri malati. Hanno avuto delle eccellenti risposte. Addirittura alcuni di questi affermano che nelle diete, "se al tumore togli zuccheri e i latticini lo fai morire di fame!".

E allora le carni? Anche le carni hanno una responsabilità! Sono un alimento che ha accompagnato lo sviluppo della nostra specie e certamente non ne possiamo fare a meno da oggi a domani. Inoltre sono una fonte di apporto delle proteine a cui il nostro fisico non può rinunciare. Vanno consumate in modo corretto! Intanto, la quantità!

Un consumo eccessivo e frequente (come per tutti gli alimenti), non fa certamente bene al corpo umano. Una cottura scorretta può rendere un alimento di grandi proprietà come la carne, la causa di grandi problemi per l'organismo. Ad esempio, la carne eccessivamente cotta o bruciata, ad esempio sulla brace, può essere nociva per l'uomo.

Ha un grande valore anche la qualità, in quanto un animale ben allevato seguendo canoni di naturalità e alimentato con prodotti selezionati, privi di additivi chimici e antibiotici può, come abbiamo visto, essere un ottimo alimento.

Dove va allora il consumo della carne se è vero che dobbiamo consumarne in una ridotta quantità e di qualità elevata? Va probabilmente verso una ridotta quantità di consumo settimanale, una o due volte ogni dieci giorni e di qualità elevata!

Allora è bene soffermarsi su questo aspetto. Se i consumi si riducono, per ottenere comunque dei validi risultati, tutto ciò che abbiamo appena detto, può fare il bene del settore delle carni. Infatti oggi si stanno sviluppando sempre di più allevamenti di carni di qualità. Le carni biologiche, ad esempio, allevate con i massimi standard di capitolato, con alimenti di eccellente qualità, lavorate in ambienti salubri e conservate nel massimo rispetto delle regole, generano un elevato valore aggiunto.

Il cliente, che oggi si orienta verso un prodotto ad alto valore qualitativo e con elevato contenuto di servizio, è disposto ad acquistarlo. La nostra bravura in futuro sarà quella di andare verso queste esigenze del cliente di consumare cibo di qualità e quindi carne di qualità! Probabilmente di carne se ne venderà di meno, ma con un valore aggiunto maggiore e quindi con gli stessi se non migliori risultati. Ci sono poi altre leve che potranno fare la differenza. Ad esempio la carne a chilometro zero. Chi non vorrebbe vedere vicino casa, l'allevamento dove l'animale cresce?

Spetta a noi guardare al futuro e a capire che le carni fanno parte del consumo umano e che lo faranno sempre! A noi la bravura di capire che dipende solo da noi attori del settore, valorizzare e accrescerne il valore aggiunto a livello di qualità e di servizio per poter proporre un prezzo più orientato alla qualità, capace di compensare la riduzione delle quantità consumate! A noi spetterà la bravura di identificare sistemi e metodi con cui riuscire a ottimizzare tutta la filiera delle carni per poter avere i nostri meritati guadagni!

RIEPILOGO DEL CAPITOLO 6:

- SEGRETO n. 1: Numerose aziende di carne chiudono perché non si sono aggiornate, hanno problemi di liquidità e di finanziamento.

- SEGRETO n. 2: Nel mercato delle carni ci sono aziende che con l'ausilio dell'intelligenza artificiale, che sfrutta le informazioni sulle abitudini del cliente, riescono a colpire con maggiore precisione i target di consumo, ottimizzando costi e servizi.

- SEGRETO n. 3: I piccoli e medi players del mercato potranno sopravvivere solo se saranno capaci di ottimizzare i costi, specializzarsi e dare una offerta differente e sempre nuova.

- SEGRETO n. 4: Il centro di produzione carni consente di ottimizzare i costi, migliorare il servizio, ridurre gli sprechi, uniformare la qualità, avere prezzi competitivi, reagire velocemente ai cambiamenti del mercato e sfruttare le filosofie di vendita con consegna a domicilio di richieste fatte tramite portale internet.

- SEGRETO n. 5: Il consumo della carne sta perdendo volumi di vendita; allo stesso tempo si sta orientando verso prodotti con un prezzo medio al chilogrammo più elevato, di sempre maggiore qualità e ad alto contenuto di servizio. In particolare il cliente si sta orientando verso consumi di carni che eccellono nell'aspetto salutistico.

Conclusione

Ti ringrazio sentitamente se sei arrivato a leggere questo libro fin qui! Per me è motivo di grande orgoglio! Aver potuto aiutare te e la tua organizzazione, la tua azienda ad avere almeno un solo spunto per poterti consentire di migliorare, mi rende veramente felice.

Tengo molto a renderti partecipe della mia storia che ho utilizzato come filo conduttore, per percorrere questo cammino nel modo delle carni.

La mia crescita professionale e il mio sviluppo sono dipesi tantissimo dalla realizzazione del centro di produzione delle carni. Ho realizzato un grande sogno! Ho avuto grandi ritorni sia da un punto di vista umano che professionale!

Questi ritorni mi hanno dato la forza di non fermarmi. Alla gestione delle carni si è infatti aggiunta quella nei settori dell'ortofrutta, del pesce e dei surgelati. A un certo momento mi sono ritrovato a gestire grandi numeri, in fatturati e volumi. Sono stato chiamato a collaborare in commissioni di gruppi di acquisto nazionali per la marca e il prodotto commerciale (la private label) per i settori di mia competenza, dove ho imparato veramente tanto.

Il vento del successo mi spingeva in alto e cominciavo a respirare a un certo momento l'aria fine delle alte sfere. Per me era veramente la realizzazione di un sogno! Facevo il lavoro più bello del mondo, quello per cui avevo studiato, con riconoscimenti e ritorni che non avevo mai neanche sognato. Avevo raggiunto un livello di sicurezza che mi consentiva molta tranquillità interiore.

Avevo inoltre la fortuna di condividere il tutto con le persone a cui volevo più bene: la mia famiglia e i miei collaboratori. Per me era veramente il massimo. Non sentivo la stanchezza, non mi risparmiavo in niente; bastava un banale apprezzamento per darmi la carica ad andare avanti verso sempre migliori risultati. Ma tutti i sogni, come dice una nota canzone, prima o poi sono destinati a svanire. E così lo fu anche per il mio!

Ricordo in punto di morte le parole di mio padre Attilio. "Preserva sempre la pace in famiglia! Battiti sempre per preservare la pace, nella azienda familiare"! Questo è quello che ho sempre fatto! Ma evidentemente non tutti la pensavano così!

Così fu, che quando morì mio padre, nel momento della debolezza, nel momento in cui pensi e speri che le persone amiche ti siano più vicine, vieni attaccato! La cosa che ti stravolge, è che di colpo non sei più il bravo ragazzo, lavoratore, intraprendente, professionista, ma diventi il più acerrimo dei nemici.

La volontà di sfruttare il momento economico ha prevalso al sentimento! Il resto della storia è andato come potete immaginare! L'azienda di famiglia è stata venduta, insieme ai sacrifici di più generazioni, il sudore di tanti lavoratori e le fatiche di intere vite. Con essa anche il centro di produzione delle carni. Chi lo ha acquistato, ancora oggi lo mantiene.

Malgrado il grave colpo sentimentale, mi ritrovavo a vivere quello che per altri poteva essere un sogno. In pensione a poco più di quaranta anni! Libero da vincoli, libero economicamente, finanziariamente e tempo libero a non finire per fare tutto ciò che volevo, quando volevo e con chi volevo, senza dover più lavorare un giorno della mia vita. Tutto bellissimo!

Dopo un anno di libertà, mi resi sempre più conto che tutto questo non faceva per me!

La malattia

Una mattina, mi svegliai di buonora. Come di consueto feci la mia doccia quotidiana. Mentre mi lavavo, osservai una macchia sul braccio sinistro di forma asimmetrica, con bordo irregolare, che presentava più colori e di diversi millimetri di diametro.

Vedevo questa specie di occhio che mi guardava. Di giorno in giorno, la osservavo e mi rendevo conto che cresceva e si modificava. Un giorno, trovandomi in un noto centro termale in Toscana, dove spesso mi recavo quando era vivo mio padre, mi sottoposi a un controllo della pelle da un medico che oggi per me è come un fratello.

Vide questa macchia e mi disse: "Domani lo asportiamo, facciamo le analisi e vediamo di cosa si tratta!" Non so perché, ma avevo come l'impressione, poi confermata anche da lui in un successivo momento, che già lo sapesse molto bene. Dopo il risultato, passai dalla euforia della raggiunta libertà, allo stress e alla paura visto che si trattava di un melanoma.

La settimana successiva, ero in un noto centro oncologico di valore europeo a Milano dove mi sottoposi a visita e dove, dopo poco tempo, fui operato. L'operazione fu fatta lo stesso giorno della ricorrenza della morte di mio padre; fu operato un allargamento della zona interessata. Feci il mio periodo di convalescenza e le terapie del caso.

La mia compagna mi è stata vicina più che mai. Feci sottoporre a controllo anche i miei fratelli e nipoti, a cui furono asportati i nei a maggiore rischio evolutivo. Oggi ancora la posso raccontare! Vi assicuro che per me ogni giorno di vita in più è un regalo! Apprezzo la vita molto di più!

Sono vicino alla fine del mio follow up e quasi vicino al traguardo. Malgrado questo tipo di malattia sia molto aggressiva e recidivante oggi sono ancora qui!

In questi cinque anni dalla vendita dell'azienda di famiglia sono cambiate molte cose: sono diventato papà di due splendidi gemelli: Giulia e Andrea, il mio figlio acquisito Robert si è inserito sempre di più nella mia famiglia; ho amici incredibili che mi danno la forza di andare avanti e ci sono sempre (Mi e Mi), leggo molti libri, curo le mie proprietà, gestisco una azienda di consulenza e investimenti immobiliari ma soprattutto sono attento a quello che mangio e mi proteggo dal sole.

Il messaggio che voglio dare con questa mia esperienza è questo: malgrado tutte le difficoltà, le passioni, gli sforzi che farete nella vita le cose possono cambiare. Ma se hai dei valori forti, fiducia in te stesso, hai coraggio, ti impegni al massimo, rispetti te e gli altri, guardi al futuro con un occhio di ottimismo, puoi vincere tutte le battaglie e avere la forza di rinascere!

La consulenza

Come ti dicevo, oggi, svolgo l'attività di consulente aziendale. Questa è basata sui principi cardine che mi hanno consentito di raggiungere la libertà finanziaria e dai valori con cui sono stato cresciuto nella mia famiglia di commercianti. La mia attività è strettamente legata alla mia identità che prevede l'aiuto a tutti coloro che hanno in mente di migliorarsi e crescere nel mondo del commercio e in particolare nel mondo delle carni.

Le mie conoscenze maturate in venti anni di professione ai massimi livelli aziendali di gestione del settore delle carni, nell'ambito della grande distribuzione organizzata, le metto a disposizione di chi vuole cogliere le opportunità che questo meraviglioso mondo ci concede.

Ti voglio accompagnare nell'ottimizzazione di quanto già di buono sei riuscito a fare, in particolare nell'ambito della gestione degli acquisti, della negoziazione, della contrattualistica con l'obiettivo di farti avere maggiori vantaggi al momento dell'approvvigionamento delle merci. Ti voglio dare l'opportunità di migliorare la lavorazione delle carni concentrando gli sforzi nelle attività capaci di dare un maggiore contenuto di servizi e valore al lavoro che svolgi ogni giorno.

Ti voglio affiancare nelle attività che ti consentono di influenzare il consumatore nell'acquisto dei tuoi prodotti, perché le tue vendite ottengano i risultati che hai pianificato, programmato e organizzato. Ti voglio illustrare i metodi di controllo delle attività con l'utilizzo di check list dedicate e report periodici. Ti voglio guidare nel raggiungere gli obiettivi di resa e marginalità, con le stesse procedure che ho seguito io, utilizzando gli stessi segreti delle grandi aziende commerciali e gettando un occhio al lato social e alla logistica a domicilio.

Vediamo ogni giorno crescere il divario tra i grandi e i piccoli players del mercato delle carni e mi rendo conto sempre di più che i primi sfruttano le informazioni e le utilizzano al meglio; mi rendo altresì sempre più conto che anche i piccoli hanno la loro forza, che sta nella velocità di azione, nel poter raggiungere grandi risultati anche facendo piccoli investimenti, nel trasferire le informazioni all'interno dell'organizzazione in modo rapido ed efficace.

Non a tutti posso ovviamente concedere questa opportunità e solo se desideri veramente ottenere tutto questo, hai la possibilità di avere i preziosi consigli di una vita! Fino a quando pensi di avere tempo! Il mondo va avanti, l'economia va avanti; resta al passo con i tempi! Voglio offrirti queste opportunità, con l'impegno di raggiungere insieme il risultato tanto agognato del miglioramento e del guadagno nel mondo delle carni!

Mi auguro che tutti questi personali messaggi siano arrivati a te con la stessa enfasi e con lo stesso entusiasmo che albergano in me. Mi auguro che tu possa ottenere i risultati che questo libro si prefigge, per arrivare a quel riconoscimento che tu e tutti gli operatori delle carni dal mio punto di vista meritano.

Leggendo questo libro hai concluso il primo passo per la tua crescita. Se ti è piaciuto, vai su Amazon e lasciarmi una recensione a 5 stelle. E, se vuoi approfondire o vuoi rimanere in contatto con me, vai sul mio sito web www.raffaelloantognoli.it oppure www.imparaaguadagnareconlecarni.it e scarica i contenuti bonus. Lasciami la tua email e ti manderò delle newsletter per aggiornarti sul mio lavoro e ti aggiornerò sull'uscita del prossimo volume non appena sarà disponibile.